未读 | 探索家

UNREAD

如何证明你不是

IS YOUR NEIGHBOUR A ZOMBIE?

拓宽思维的 28 个哲学难题

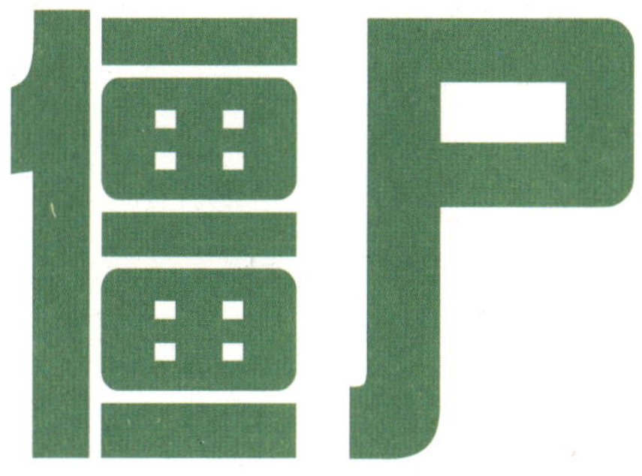

［英］杰里米 · 斯特朗姆 — 著
王岑卉 — 译

JEREMY
STANGROOM

长江出版传媒 | 长江文艺出版社

目录

序言

如果你打算写一本书，说明“人们想问题时经常犯错”，那你就很容易显得自大。因此，我最好还是先坦白：如果在不知道的情况下遇到本书介绍的难题，我自己也会频频犯错，甚至错得离谱。

不过，很多人都跟我一样，在这方面都有短处。我们中的很多人脑子转得都不是太快，而本书的价值在于，它能让我们认清自己的能力，从而变得更谦逊。例如，请设想以下情况。

你是某国的总统，国家正面临疫情的暴发，如果你不采取任何行动，就会导致600人丧生。你的顶级医疗顾问准备了两个方案来对抗疫情，并预估了每个方案可能带来的后果。你可以确信下列预估是准确的：

A方案：将有200人幸存。

B方案：有1/3的概率600人都能幸存，有2/3的概率没有人能幸存。

你倾向于选哪个方案？

再设想一下，几年后，你面临完全相同的情况。将导致600人丧生的流行病即将来临，你不得不在两个医疗方案中做出选择：

A方案：将有400人丧生。

B方案：有1/3的概率没人丧生，有2/3的概率600人都会丧生。

这一次，你又倾向于选哪个方案?

上述问题没有正确答案。不过,你发现了题目中的小花招了吗?在两种情况下，你面临的选择其实完全相同。A方案意味着将有200人幸存，400人丧生；B方案则意味着没人丧生的概率为1/3，600人都丧生的概率为2/3。

如果你第一次选了A方案，第二次选了B方案，虽说你可能犯了认知错误（当然，除非你意识到了两个选项其实完全相同，但还是改变了想法），但你的反应和大多数人是一样的。心理学家丹尼尔·卡尼曼（Daniel Kahneman）和行为科学家阿莫斯·特沃斯基（Amos Tversky）的研究表明，如果按第一种方式描述情况，超过70%的人会赞同A方案；但如果按第二种方式描述情况，超过75%的人会支持B方案。

令人吃惊的是，事实上我们很容易被带入歧途。人们往往会因自己的认知能力而自豪，但在这个例子中，大多数人是根据他们根本没意识到的语境线索做出判断的。

这本书里的谜题、悖论和难题，会给你提供许多犯这种认知错误的机会。如果你觉得晕头转向,请别担心,不是只有你一个人这样。哪怕与斯波克先生在“逻辑奥运会”中争夺冠军的机会不大，也希望你能在阅读的过程中找到不少乐趣。

1

红球还是绿球?

·红球还是绿球? ·电梯出故障了吗?

·乌鸦是什么颜色? ·人少且幸福的国家最好吗?

·为什么理发师要逃离小镇? ·论证有效还是无效?

·鳄鱼会怎么做? ·机器人怎么了?

逻辑就像一柄利剑——凡用剑的,必死在剑下。

——塞缪尔·巴特勒(Samuel Butler)

本章提到的谜题包括逻辑问题、概率难题和刁钻的悖论。其中一些相对简单,虽然牵涉的逻辑常常有些棘手,但到底可以算出正确或错误的答案。不过,另一些难题还没有公认的解决方案。如果你能拨开重重迷雾给出答案,那你就比那些以考虑这些难题为生的专业人士更优秀。

值得一提的是,本章以及后续章节中介绍的谜题都没有“小花招”。也就是说,题目里不会有什么带偏你的误导性措辞。谜题是真实存在的,不只是为了呈现问题而设计的。

红球还是绿球?

作为池边恰德雷镇上首屈一指的斯诺克俱乐部“台球反斗城”的老板，弗兰克·萨瓦奇今天的日子并不好过。他原本制订了计划，打算从阳光明媚的谢菲尔德镇手中夺走斯诺克冠军赛的举办权，结果却没能成功。这一切源于一个恶作剧，涉及一名色盲的斯诺克选手和一颗红色（也可能是绿色）的台球。

麻烦始于吉姆和朱尔斯之间的一场比赛。他们是镇上针锋相对的死对头。吉姆指控朱尔斯将一颗绿球打进了球袋，而不是本该打的红球。朱尔斯对这一指控不以为然，指出吉姆是个色盲，所以不是有力的证人。两人发生了争执，乱挥球杆，相互咒骂。直到吉姆拎着一大堆红球气冲冲地夺门而出，这场闹剧才宣告结束。

不幸的是，这一意外事件导致红球数量不够，弗兰克可能没法举办今晚的大恰德雷地区年度斯诺克大赛了。丹尼斯·戴维斯是池边恰德雷镇上另一家环境稍逊的斯诺克球场“球袋宫”的老板，他的出现让弗兰克看到了一线希望。不过，丹尼斯故意找碴儿，告诉弗兰克，他只有在一场概率游戏中胜出，才能得到所需的红球。

两个罐子分别装着红球和绿球，可以从罐中随机抽取一颗球。两种球的分配方式如下：

	A罐	B罐
球的数量	100	100
红球与绿球的比例	未知， 可能是任何比例	50 ∶ 50

正如你看到的，A罐中可能一颗红球也没有，也可能有100颗红球，因为红球和绿球的比例可能是任何一个数字。此外，已知B罐装有50颗红球和50颗绿球。

丹尼斯解释说，弗兰克必须从两个罐子中的一个里抽球。如果抽到红球，弗兰克可以留下球，然后（在给罐子补充一颗新的红球之后）再抽一次。如果抽到绿球，那么游戏结束，弗兰克就可以打道回府了。

如果弗兰克想最大限度地提高抽出红球的概率，

他应该首选哪个罐子？

（答案请见第74页）

电梯出故障了吗？

池边恰德雷镇最近建起了一座摩天大楼——比尔·布鲁尔大厦，镇上的居民为此倍感骄傲。这座大厦采用零能耗建筑方案和最新的集成光伏技术，可谓建筑学与工程学的双重奇迹。可惜的是，大厦唯一的电梯似乎出了故障。

这个问题之所以会暴露出来，是因为大厦中的两个住户——彼得和爱洛伊丝发生了争执。爱洛伊丝的叔叔雇了彼得做私人家教，帮爱洛伊丝为博维理工学院的期末考试做准备。不幸的是，彼得上课经常迟到，虽说他只需要走出自己的公寓，来到爱洛伊丝的公寓，根本不需要出大楼。

爱洛伊丝指责彼得总是迟到，彼得则解释说，他在乘电梯时遇到了麻烦，电梯似乎总是朝相反的方向移动。为了抵达爱洛伊丝的公寓，他需要乘电梯上楼，但电梯显然更喜欢往下走。这意味着他必须先等电梯从一楼返回，然后才能乘电梯上楼。

爱洛伊丝觉得这个借口太蹩脚了，彼得明明应该早点出门才对。不过，这个说法引起了她的兴趣，因为她乘电梯时也遇到了类似的问题，只不过方向相反。她发现，每次她等电梯的时候，电梯总是往上走。这意味着她必须先等电梯从顶楼返回，然后才能乘电梯下楼。

显然，他们两个人不可能都是对的，于是他们决定用更严格的方法对自己的观察结果进行测试。结果，他们惊讶地发现，两种说法都是对的。如果你从彼得住的那层楼搭电梯，电梯到达时更可能是正在下行；但如果你从爱洛伊丝住的那层楼搭电梯，情况则恰恰相反——电梯往往正朝顶楼上行。

这是怎么回事？电梯出故障了吗？

还是说这种怪事有别的解释？

（答案请见第77页）

乌鸦是什么颜色？

业余鸟类学家达维纳·寇维斯与比尔·陶伯发现了一只长相普通的鸟，并因为它的种属起了争执。寇维斯一口咬定，看这只鸟细小的喙，就知道它是特拉法加里当地的乌鸦。陶伯则认为这只鸟是鸽子，主要是因为它看起来像鸽子，而且所有乌鸦都是黑色的，它却不是黑色的。

陶伯指出了这一点，但让他大吃一惊的是，寇维斯直接对“所有乌鸦都是黑色的”这一论点表示反对，声称有些乌鸦进化出了类似鸽子的特征，以免去伦敦塔上服役[1]。寇维斯表示，陶伯至少应该提供证据支持这一说法，因为它看起来似乎太片面了。

幸亏陶伯选修过哲学入门课，知道怎么轻松地拿出证据支持自己的论点。他从口袋里掏出了一个红苹果，在寇维斯鼻子底下晃了晃。寇维斯不以为然，对仅用一个红苹果就证明“所有乌鸦都是黑色的”这个方法嗤之以鼻。

“存在一个红苹果”能支持
“所有乌鸦都是黑色”的这个说法吗？

（答案请见第79页）

1　英国伦敦塔中常年有乌鸦出没。英国有一则民间传说：一旦乌鸦离开伦敦塔，伦敦塔就会倒塌，英国也将分崩离析。本书注释均为译者注。

脑筋急转弯1

一名谋杀犯被判处死刑。他必须在三个房间中做出选择。第一个房间里是熊熊烈火，第二个房间里有一群枪已上膛的杀手，第三个房间里是一群三年没吃东西的狮子。

哪个房间对他来说最安全？

（答案请见第138页）

脑筋急转弯2

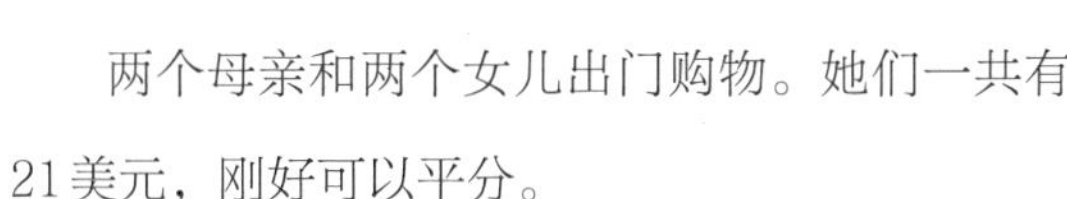

两个母亲和两个女儿出门购物。她们一共有21美元，刚好可以平分。

这是怎么回事？

人少且幸福的国家最好吗?

公元2184年，外星人征服了地球。外星入侵者声称自己来自火星,表示不打算伤害此前一直占据地球的嗜血野蛮人(也就是我们)。不得不说，到目前为止，除了一次关于皇家柯基犬的烹饪小误会之外，这些胜利的火星人可谓表现得慷慨大方。

不过，最近事态发生了相当麻烦的转变。火星人似乎觉得地球上国家太多，就设立了一个官方委员会，判定该被“淘汰”的国家，好在他们确保不会进行强制性处决。

现在，判定过程已接近尾声，范围缩小到了两个国家。每个国家都选出了一名代表致辞，解释放过自己国家的原因。在最后阶段，判定的唯一标准是生活质量指数。

黄金岛的代表罗纳德·蓬普很有信心，相信自己最终会胜出，因为黄金岛人口少而富裕，而且有大量研究表明，生活在岛上的每个人都心满意足。相反,苏维提亚人口众多,相当于黄金岛的很多倍。而且，苏维提亚人也普遍认为，自己的生活几乎毫无意义可言。

因此，看到苏维提亚代表林赛·里斯自信满满地走来走去，甚至有些自命不凡，蓬普有点儿惊讶，问里斯发生了什么事。里斯解释说，她一直在参加前任督察、逍遥学派哲学家霍斯探长的课程，有把握证明无论苏维提亚的情况有多糟糕，都不会比黄金岛差。

蓬普简直难以置信。不过，霍斯探长一贯以“证明不可能是可能的”而闻名。所以,蓬普有点儿紧张,不知里斯藏着什么锦囊妙计。

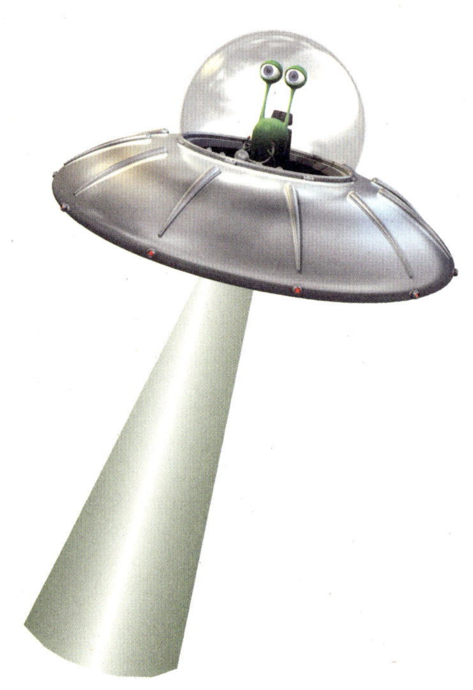

他应该紧张吗？林赛·里斯要

怎么证明苏维提亚的情况不比黄金岛差？

（解答请见第82页）

为什么理发师要逃离小镇？

最近，参孙在一次饱受争议的选举中以微弱优势获胜，当选了琐拉镇的镇长。街市上有谣言流传开来，说参孙挥舞着驴颚骨打晕了一大批反对派，才在选举中胜出。这听起来似乎令人难以置信，但正如镇民所说，这总比他是因为计票问题上台的更可信。

这让参孙相当紧张。尽管他确实拥有相当于数十头狮子的神力，但自从大利拉剪掉了他的头发，他就一直感觉不大对劲。因此，他认为自己需要做点什么，确保镇民不会把他换掉。民主是件好事，但有时过犹不及。

参孙提出的计划涉及镇上唯一的理发师。众所周知，头发浓密的人都身强体壮。从这个角度来看，他们有点儿像熊。于是，参孙决定颁布一项法令，强制所有镇民剃光头，所有人脑袋上都不许留下一根头发（当然，他本人除外）。

他颁布的法令如下：琐拉镇上的每个人都必须通过以下其中一种方式剃光头：（1）自己给自己剃头；（2）找理发师剃头。为了避免理发师过度劳累，谁也不许既给自己剃头，又去找理发师剃头。

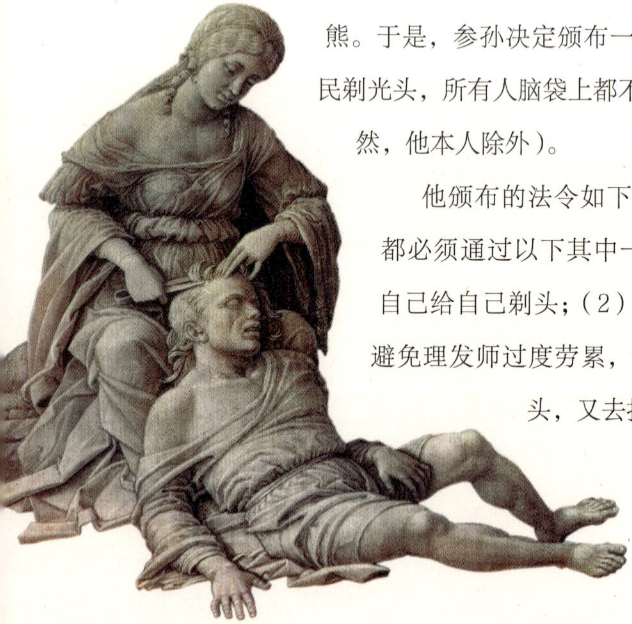

在参孙看来，这个计划可谓万无一

失，所有镇民很快都会变成光头。这就意味着，尽管大利拉剪了他的头发，但他还是琐拉镇上头发最浓密，也就是最强壮的人。他的权力无人可以撼动。

让参孙大吃一惊的是，新法令刚一颁布，理发师就在黑夜的掩护下逃离了小镇。

理发师为什么要逃离小镇？

（解答请见第85页）

论证有效还是无效？

社会学家亚历克斯·吉本在发起“占领博维运动”（口号是“今天占领博维，明天占领全世界！”）并占领学院的高级公共休息室失败后，被北博维理工学院免除了教授职位。当然，吉本的热情还是跟往常一样高涨。不过，他渐渐意识到，如果自己还想每天都喝得上星冰乐，就必须重找一份工作。

这并没有让他心生恐惧（毕竟，工人阶级既高尚又真诚），但他发现《大博维公报》上并没有太多招聘激进律师或记者的广告，因此有点儿不安。不过，贝利·怀恩波尔律师事务所本周发布的整版招聘广告引起了他的注意。

诚聘法律助理

通过以下测试，即可进入面试！

吉本对此很感兴趣。尽管他认为自己不是做法律助理的料，但他确实需要一份工作，而通过测试就能进入面试似乎挺简单。测试的具体说明如下：

对于下列三个论证，请判断按照逻辑能否从前提推导出结论。当且仅当能从前提毫不含糊地推导出结论时，回答“是”；否则，请回答“否”。

	前提	前提	结论
论证 1	所有能吸的东西都有益健康	所有香烟都能吸	香烟有益健康
论证 2	所有四足动物都是危险的	贵宾犬不危险	贵宾犬不是四足动物
论证 3	所有失业者都很穷	唐纳德·特朗普没失业	唐纳德·特朗普不穷

亚历克斯·吉本应该怎么回答，才能确保进入面试？

（答案请见第 87 页）

鳄鱼会怎么做?

绰号“鳄鱼”的头号犯罪分子戴夫·邓迪正在与良知作斗争。他最近开始参加在线伦理课程，结果发现自己的许多嗜好（例如把胖子推下桥）都被“康德哲学”排除在外了。他还了解到，“牺牲别人的福祉为自己牟利”同样不可取。由于他的整个“业务模式”都基于这种理念，他有些心烦意乱。他面临一个紧迫的问题——如何处理最新开展的一项“业务”。

他绑架了当地磁铁大王罗纳德·蓬普的女儿，原本的计划是换取赎金，但现在他有点儿纠结。一方面，他喜欢金钱、好车和波斯猫；另一方面，他又担心康德那边。他沉思了一会儿，翻了翻课堂笔记，想出了一个计划。

他打电话给蓬普，提出以下条件：如果蓬普能正确预测“鳄鱼”会不会释放他女儿，他就会释放小姑娘，不收一分赎金；如果蓬普预测错误，就必须交赎金换女儿。

蓬普应该怎么预测？“鳄鱼”会怎么回应？

（答案请见第89页）

脑筋急转弯3

请说出连续的三天，不许用到“星期一”“星期二”“星期三”“星期四”“星期五”“星期六”“星期日”这几个词。

这三天是哪三天？

（答案请见第138页）

脑筋急转弯4

如果AHED对应THA，那么DAHN对应……

A. PCREE　　B. DLAER　　C. VOLGE

D. BEREN　　E. SORAL

机器人怎么了？

住在“西部世界”小镇的100个机器人越来越不高兴，因为它们没法在当地的艾尔桑塔酒吧愉快地度过星期四夜晚。这家仅限机器人入内的酒吧十分狭小。这就意味着，如果有60个或更多机器人同时到场，谁都没法玩得尽兴。不过，如果人数少于60，大家就能开怀畅饮，设想如果它们不是喝不醉的机器人，会喝得多么烂醉如泥。

星期四晚上一贯是“发电站乐队之夜”。问题在于，这天晚上要么所有机器人同时到场，要么没有一个机器人到场。机器人们似乎意识不到，每人做一模一样的事并不是个好主意。

艾尔桑塔酒吧的经营者觉得不能再这么下去了。于是，他致电当地的机器人专家努南·桑，请他弄清到底是怎么回事。桑很快就发现了与机器人行为有关的两个事实。

1. 机器人接受了程序设定，无法事先交流某天晚上去不去酒吧（这么设定是为了安全，因为此前的一次酒吧约架导致了小规模核爆炸）。
2. 所有机器人会在同一时刻决定周四晚上去不去酒吧。

根据上述两个事实，桑推断出了为什么机器人会有如此特殊的行为方式。但正如他向艾尔桑塔酒吧经营者解释的那样，想要改变机器人的做法有点儿困难。

桑是如何解释机器人的做法的？

（答案请见第 91 页）

2

你的邻居是僵尸吗？

·你的邻居是僵尸吗？ ·该为无法避免的事负责吗？

·汤姆还是汤姆吗？ ·我有做父亲的潜在可能吗？ ·受酷刑折磨的是谁？

人是轻信的动物，必须相信点什么。

如果这种信念没什么好的依据，那坏的依据也行。

——伯特兰·罗素

19世纪的法学家查尔斯·鲍恩（Charles Bowen）曾形容形而上学哲学家是“在并没有黑猫的暗室里寻找黑猫的盲人”。伟大的启蒙思想家伏尔泰也这样描述形而上学：

听话的人不理解，说话的人也不理解，那就是形而上学。

因此，形而上学（宽泛地说，是指对终极现实的研究）能引出许多逻辑和哲学难题，也许根本就不足为奇了。本章介绍了五个这样的难题，探讨了自由意志、决定论、人格同一性和他心问题。这些问题的答案并不简单，本章的谜题中凸显的问题很大一部分还处在争论之中。

你的邻居是僵尸吗？

豪尔赫·罗梅罗遇到了一个棘手的问题。他刚刚搬到加利福尼亚州的桑尼维尔镇，但他的新邻居们（一群古怪的家伙，自诩“捉鬼队”）似乎认定他是僵尸。豪尔赫看起来不像僵尸，行为举止也不像僵尸。但尽管如此，邻居们还是认为他是僵尸。这让豪尔赫感到不安，因为有流言说，他的邻居们憎恨这些非自然生物，会在天黑后将木桩钉入它们身体里。

豪尔赫约见了“捉鬼队”邻居们，解释说自己不是僵尸，只是一个从宾夕法尼亚州搬来的房地产经纪人。这次会面并不理想，因为人们认为，活死人也会以买卖房屋为生。

“捉鬼队”解释说，僵尸的身体构造跟人类一模一样。如果你检查它们的大脑，就会发现，所有使人类产生理性、做出决策的结构和功能，僵尸统统都有。僵尸的行为举止也跟人类一样：它们会像我们一样成家、上班、运动、看电视。如果你用刀刺伤僵尸，它也会痛苦地哀号。如果僵尸的妻子去世，它也会悲伤哀悼。说来说去，僵尸和人类基本一样。

不过，僵尸与人类存在一个至关重要的区别。僵尸的内心是僵死的。它们没有意识、没有思想，也没有感觉。它们看起来似乎有经验和情感，会感到愉悦和痛苦，表现得像是有意识，但实际上并没有。

“捉鬼队”还说，他们从桑尼维尔镇的常驻僵尸专家兼学校图书馆馆员那里得知，豪尔赫确实是僵尸。但在将他处决之前，他们给了他一个为自己辩解的机会。

豪尔赫应该对邻居们说些什么，
让他们相信自己是有意识的?

（答案请见第93页）

该为无法避免的事负责吗?

绰号“金牙”的约翰·边沁是个邪恶的天才。他刚刚从警局拘留所逃脱，顺利完成了又一项卑鄙的计划。他的下一个计划是暗杀激进动物权利组织“解放所有毛茸茸”的负责人邦尼·艾莫。“金牙”很讨厌四足动物，但他不想直接参与暗杀行动，所以他采取了以下做法：

首先，他绑架了杀手鲍里斯·亨廷顿，往他脑袋里植入了一块微芯片，通过微芯片监视并控制他的一举一动。

其次，他抹去了鲍里斯被绑架和做手术的记忆，将他放归原来的环境，让暗杀计划照常进行。

最后，他利用复杂的电脑程序监控鲍里斯的意图。如果鲍里斯有任何偏离原计划的迹象，“金牙”就会激活微芯片，确保鲍里斯继续执行暗杀计划。

碰巧，鲍里斯并没有对计划产生怀疑，暗杀行动在“金牙”未经干预的情况下顺利进行。

以下表述都是事实：

1. 杀死邦尼在道义上是错误的。
2. 鲍里斯杀死邦尼是出于自身意志，微芯片没有发挥丝毫作用。
3. 鲍里斯试图杀死邦尼，这一点确凿无疑——如果他产生动摇，“金牙”就会激活微芯片。

鲍里斯对杀死邦尼负有道义责任吗？

（答案请见第95页）

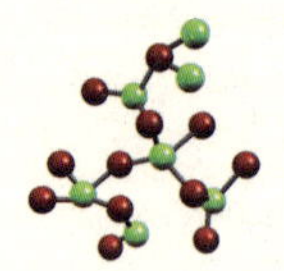

汤姆还是汤姆吗?

公元23世纪，旅行的本质发生了变化。汤姆·皮尔斯今天要前往小博维。他走进远程传送装置，按下几个按钮，几秒钟后就可以从位于小博维的复制仪中走出来。

首先，他会走进扫描仪，仪器将记录他体内每个分子的准确状态，然后销毁他的躯体。位于小博维的复制仪收到这些数据后，会复制出一具完全相同的躯体。走出复制仪的那个人思考问题像汤姆，看起来像汤姆，也相信自己是汤姆。他只知道自己在传送装置中安然入睡，然后很快就从复制仪中醒来了。

大多数人都乐于使用远程传送技术，但也有少数人以不安全为由拒绝使用。他们认为，一旦远程传送装置销毁了一个人的躯体，那个人就死了，而从复制仪中走出的是另一个人，仅仅是个令人毛骨悚然的复制品。

汤姆对这个说法嗤之以鼻。他做过很多次远程传送，从来没有发生过意外。

在今天的小博维之旅中，汤姆能否存活下来?

（答案请见第97页）

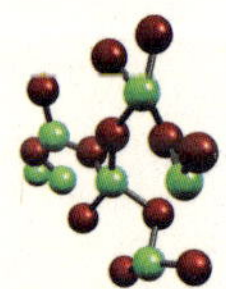

脑筋急转弯5

在一个看似普通的夜晚，泰德和爱丽丝并肩坐在客厅里。泰德在看DVD，爱丽丝在读科幻小说《时间旅行者的妻子》。突然无来由地停电了。泰德骂了句脏话，决定上床睡觉，但爱丽丝不肯跟他一起去。她没有使用人造光源，在黑暗中继续读书。

这是怎么回事？

（答案请见第138页）

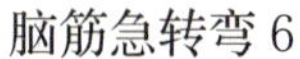

脑筋急转弯 6

你目前的工资是每周250英镑。你的老板很大方，决定给你涨薪4%，然后再加8英镑。

你的新工资是多少？

我有做父亲的潜在可能吗？

20世纪70年代，大卫·“月之子”·布瑞德面临一个两难困境。他很渴望做父亲，但到目前为止，他都以“不想脱掉最喜欢的长袍”为由，避免与女性发生关系。于是，烦躁不安的他跑去市民咨询局寻求一些生活忠告。

他得到的建议很简单：

咨询师：听着，月之子，如果你跟几个女人发生关系，至少有做父亲的潜在可能。但如果你不这么做，就不存在任何可能。你必须勇敢地走出去，去跟女人交往。如果你想要孩子，就得这么做。如果你不想要孩子，也可以搬去隐修所，一辈子在山上放羊。

对“月之子”来说，这个建议中“和女人发生关系”那部分似乎更明智。因此，在接下来的40年里，在胡须疯长到不能亲吻和长袍几乎长在身上之前，他与许多不同的女性发生了许多次关系。

不过，命运女神并没有对他露出微笑，他最终也没有得到一个孩子。于是，他怒气冲冲地回到了市民咨询局。在命运的捉弄下，原先的咨询师竟然还在那里工作（这正是在公共部门工作的好处）。“月之子”（如今自称“冰月”）直接进入正题。

冰月：嘿，你说我有做父亲的潜在可能。我浪费了40年时间跟无数的女人上床，但显然我根本就没有那个可能！

以下表述都是真实的："月之子"没有不育症；他也确实跟很多女人发生了关系；他们通常不使用避孕手段；他没有成为任何一个孩子的父亲。

"月之子"到底有没有做父亲的潜在可能？

（答案请见第99页）

受酷刑折磨的是谁？

卡桑德拉·海奇斯和苏珊娜·米尔斯休学一年结伴旅游，游览了亚马逊盆地的众多网吧。不幸的是，她们对南美洲土著进行援助的花费超出了预期，导致她们身无分文。为了改变现状，两个姑娘回复了一则广告。广告许诺，只要参加医学试验，就能赚到一大笔钱。麻烦的是，事实证明那并不是普通的医学试验。

玛士撒拉实验室的技术员大卫·杰瑞德对卡桑德拉和苏珊娜解释说，他和同事正在开发一项新技术，将一颗大脑中的信息转移到一具新躯体内。他告诉两个姑娘，她们草率报名的医学试验步骤如下：

首先，卡桑德拉大脑中的思想、记忆和个性将被提取出来。接下来，她的大脑将被清空，删除先前存储的所有信息。与此同时，苏珊娜也会接受同样的处理。

其次，卡桑德拉的思想、记忆和性格将被转移到先前存储苏珊娜思想、记忆和个性的大脑中（这颗大脑仍然处在苏珊娜体内）。苏珊娜的思想、记忆和个性也将以同样方式转移到卡桑德拉的大脑中。

最后，情况要转向残忍的一面了。大卫解释说，为了弄清手术后两颗大脑的疼痛和愉悦中枢能否起作用，两个女孩中的一个将得到100万美元奖金，另一个则将遭受酷刑折磨。大卫告诉卡桑德拉，她可以选择哪个女孩得到奖金，哪个女孩遭受酷刑折磨。

假设酷刑折磨不可避免，而卡桑德拉则不希望是自己（也就是说，她会做出自私的选择），那么她必须在“曾经属于自己的身体，如今装有苏珊娜的思想、记忆和个性”（身心A）和“曾经属于苏珊娜的身体，如今装有自己的思想、记忆和个性”（身心B）两者之间做出选择。

卡桑德拉应该选择谁遭受酷刑折磨？

（答案请见第101页）

3

要是蒙提也不知道呢？

·要是蒙提也不知道呢？ ·应该从胖子身上轧过去吗？

·宙斯有没有失去神力？ ·食人必定是错的吗？

从思想家身上去掉矛盾和悖论，他就仅仅是教授了。

——索伦·克尔凯郭尔

有些悖论和谜题可谓同类问题中的经典，例如电车难题、芝诺悖论、三门问题和囚徒困境。

本章介绍了四个经典谜题。其中两个是原版经典问题（三门问题和电车难题）的变体，另外两个本身就是经典，这里只是为它们增加了精彩的描述。

你会高兴地发现，本章中至少有些谜题存在正确答案。不过，你也应该注意到，本章出现的“三门问题”的变体非常棘手。因此，如果你很难跟上思路，也不要太灰心。

要是蒙提也不知道呢?

威廉·卡普拉简直不敢相信自己运气会这么好。他曾登上收视率排名第一的游戏节目《法拉利还是山羊》，幸运地获得了一只有点儿邋遢的山羊。如今，他再次受到邀请。这一次的游戏形式如下：

节目现场共有三扇门，一扇门背后是崭新的法拉利跑车，另外两扇门背后是山羊。山羊和法拉利的位置是随机分配的。威廉必须先选一扇门。游戏节目主持人蒙提·霍尔知道门背后都有什么，他将打开剩下两扇门中有山羊的一扇。接下来，迫切希望赢得跑车的威廉必须做出决定，是坚持自己原本的选择，还是换成剩下那扇没打开的门。

威廉非常自信，因为他知道正确的策略是改变原本的选择。只有他原本选择的那扇门背后是法拉利，改选另一扇门才会失败。他原本选择的门背后有跑车的概率是1/3，因此改选后失败的概率只有1/3。这就意味着，如果他改选另一扇门，会有2/3的概率赢得跑车。因此，他应该改变最初的选择。

电视特效拉开了节目的序幕。威廉选择了一扇门——1号门。然后,不幸的事发生了。主持人蒙提·霍尔走过去准备打开一扇门(本打算打开一扇有山羊的门)，但不小心踩到了山羊的排泄物，滑了一跤，撞上了3号门。那扇门被撞开，里面是……一头有些受惊的山羊。这纯粹是运气问题：蒙提没法控制自己朝哪个方向跌倒，他也有可能撞上2号门，暴露出门背后的东西。

蒙提恢复镇定并安抚山羊后，决定节目必须继续进行，但现在情况发生了微妙的变化。蒙提是无意中暴露山羊位置的。那么，如果威廉现在改变选择，赢得法拉利的概率有多大？“蒙提并不知道自己会暴露什么”这个事实会改变概率计算的结果吗？

威廉还应该改选另一扇门吗？

（答案请见第103页）

应该从胖子身上轧过去吗?

佩西·布恩斯也许是世界上最倒霉的火车司机。他正驾驶着“敏捷的公牛号”列车，突然在网上看到了一则通知：列车再次出现设计故障，如果他在抵达下一站前使用刹车装置，列车就会发生爆炸，车上的500名乘客都会一命呜呼。他此前遇到过类似的情况，只不过当时的情况更复杂一些：列车正冲向绑在轨道上的5个人。唯一能避免轧死那5个人的方法是按下按钮，让列车驶入岔道。但不幸的是，列车轧死了一个由于单身汉派对事故被牢牢困在岔道上的人。

佩西正庆幸不用面对上次的复杂情况，行车无线通信电台就响了起来。得知要再次面对“铁轨上有人”的情况后，佩西骂了句脏话，感慨自己怎么又遇到了这么荒唐的事，然后请求提供更多细节。

他被告知情况跟上次一样，只是有一个微妙的变化。如果他不想轧死主轨道上的5个人，就需要让列车驶入岔道，但岔道最终会绕回主轨道。这就意味着，无论如何列车都会冲向那5个人。极具讽刺意味的是，如果这么绕上一圈，列车将在轧死5个人之前抵达下一站。但鉴于列车当前的速度和动量，即使佩西在抵达车站后立刻刹车，也无法让列车及时停下，因此还是会轧死那5个人。

不过，这个故事还没完。一次单身汉派对事故又发生了，一个大胖子被困在了岔道上。那个人非常重，如果列车撞上了他，车速就会骤然下降。这么一来，如果佩西在列车到站后立刻刹车，就能及时停车，绑在主轨道上的5个人就能活下来。

佩西该不该按下按钮，让列车驶入岔道？

（答案请见第106页）

宙斯有没有失去神力？

奥林匹斯山的众神之首宙斯最近有些烦闷。他的妻子赫拉自从读完女权作家贝蒂·弗里丹（Betty Friedan）的著作《女性的奥秘》，就像变了一个人似的，她总是在外面待到很晚才回家，似乎跟宙斯意大利籍的同父异母兄弟涅普顿[1]有了不正当关系，甚至偶尔还会拒绝帮他熨衬衫。

但最糟糕的是，她开始质疑宙斯的神力。宙斯一直吹嘘自己是全能的，还开玩笑说愿意为她移动大山。就在这时，赫拉问他，能不能造出一座连他自己都没法移动的大山。

宙斯大声嚷嚷起来，说怎么会有人想做这么蠢的事。赫拉只是幸灾乐祸地笑了笑，又问他能不能造出连他自己都没法打开的锁。宙斯气得拂袖而去，但事实上，他也不确定自己能不能做到。他此前从来没有想过，自己的神力可能存在限制。

宙斯应该担忧吗？这是否意味着他并非全能？

（答案请见第109页）

1 Neptune，罗马神话中的海神，对应希腊神话中的海神波塞冬。

脑筋急转弯7

大卫、苏珊、杰克和吉尔同住一间学生宿舍。一天晚上，大卫和苏珊外出看电影，度过了愉快的时光。回到宿舍后，他们震惊地发现杰克死在一摊水里，周围全是碎玻璃。

显然是吉尔杀了杰克。但吉尔没有遭到起诉，也没有被处以极刑。为什么会这样？

（答案请见第138页）

脑筋急转弯8

一辆汽车下午6:20离开多伦多，晚上10:05抵达180英里外的底特律。

它的平均时速是多少？

食人必定是错的吗？

事后回想起来，对于克拉多克烹饪俱乐部来说，团建活动选择洞穴探险也许不是个好主意。俱乐部成员在林堡峡谷入口处举行了奶酪午餐会，当时还一切顺利，就连“钟乳石和石笋哪个更好”的激烈争论也没毁掉大家进洞探险的兴致。不过，当一场严重的山体滑坡切断了团队与外界的联系后，5名俱乐部成员就陷入低落的情绪中。

30天过去了，洞内传来了一则令人沮丧的消息（通过特别安装的手机系统传出）。显然，被困的俱乐部成员之一朗尼·富勒被同伴杀死并吃掉了。这件事并非完全出人意料：这群人最近被告知，他们如果不吃东西，几乎不可能活到获救。作为回应，他们询问吃掉一个人能不能提高大家获救的概率。洞外的医疗团队很不情愿作答，但最终还是给出了肯定的答复。

在富勒的提议下，这群人协定通过抽签决定该吃谁。但在抽签之前，富勒临时撤出了协定，说想要再等上一段时间。不过，其他人在他缺席的情况下抽了签，也代表他抽了签（富勒本人也同意，抽签是公平公正的）。富勒不幸中签，于是他被杀死并吃掉了。

现在，让幸存者们担忧的问题是，如果他们最终获救了，会不会被控谋杀

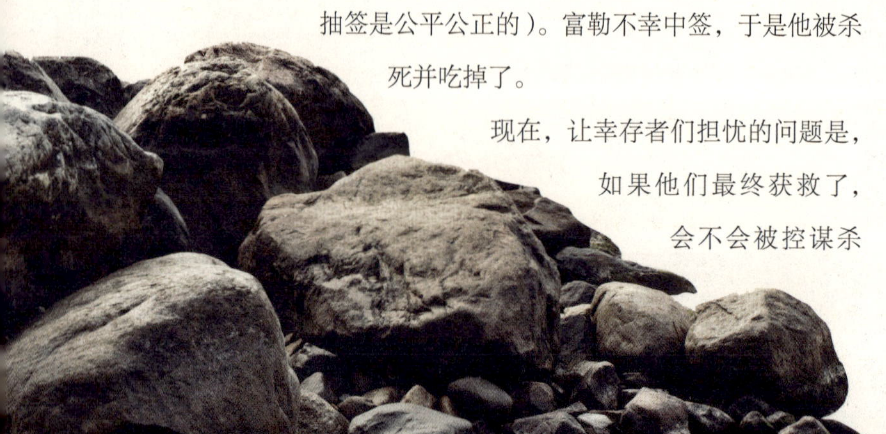

并被定罪。法律规定："凡故意夺取他人性命者，应被处以死刑。"不过，如果他们没有夺走富勒的生命，所有人都可能丧命。如果他们最终获救，却因为做了唯一可能救自己一命的事而被处决，那就太讽刺了。本案中的事实不存在任何争议。

上述事实是否支持对谋杀罪的判定？

（答案请见第111页）

4

我们有多听话？

·罗伯斯山洞会发生什么事？ ·智人是高尚的野人吗？ ·救援会到来吗？

·你更喜欢谁？ ·跟我约会吧？ ·我们有多听话？ ·莉兹应该选择谁？

一百个人在一起的时候，

每个人都会失去自己的理性而得到另一种理性。

——弗里德里希·尼采

本章与前几章稍有不同。你不需要分析逻辑谜题或有悖直觉的思维实验，只需要判断人们在特定情况下最可能有什么反应。

得益于所罗门·阿希（Soloman Asch）、穆扎弗·谢里夫（Muzafer Sherif）、斯坦利·米尔格拉姆（Stanley Milgram）、亨利·泰弗尔（Henri Tajfel）、埃利奥特·阿伦森（Elliot Aronson）等杰出社会心理学家的研究，我们对人类在特定情况下的行为方式有了更多的了解。不过，我们对人类心理的了解真的有我们认为的那么多吗？

请千万注意，人类心理极为复杂，社会心理学是一门年轻的科学，因此它得出的结论必然是不确定的。不过，本章的描述用语并非总是表现得摇摆不定（因为这样更有趣），但我们应该将这种不确定性视为前提。

罗伯斯山洞会发生什么事？

罗伯斯山洞国家公园的娱乐活动总监比尔·西尔弗曼遇到了棘手的事。在过去15年里，公园一直承办童子军夏令营，具体形式如下：

- 大约20名男孩被随机分为两组。
- 第一周，每个小组自行活动，然后一起参加团队活动，例如搭帐篷、唱歌和制作领巾。
- 第二周一开始，两组将举行一场友谊赛。
- 比赛包括一系列体育项目。此外，搭帐篷和唱歌表现最佳的小组将会获得加分。

夏令营活动一直进行得十分顺利。男孩们珍视与队友共度的时光，也很享受比赛过程，比赛氛围一直相当友好。过去15年来，这项一年一度的活动一直办得有声有色。

但今年的情况有所不同。过去几年里，男孩们在抵达营地之前就彼此认识了。因此，两组人虽然相互竞争，但都忠于大集体。但是今年，我们有理由认为这种情况不会出现。西尔弗曼被告知，这些男孩此前从来没有见过面。

这让西尔弗曼有些担忧。他常读小说《蝇王》[1]，知道一群野性十

1 英国作家威廉·戈尔丁的代表作，书中讲述了一群儿童因飞机失事而被困荒岛，他们起初尚能和睦相处，而后恶的本性膨胀，孩子们分为两派自相残杀，最终导致悲惨结局。

足的年轻人聚在一起会发生什么事。有消息称，这些男孩并不完全是野孩子，而是来自富裕的家庭，适应能力很强，在学校表现良好。这个消息让他稍稍松了一口气。但即便如此，他还是能想象出男孩们抄起海螺壳互殴的模样。

西尔弗曼的担忧合理吗？一方面，我们确切知晓，当相互竞争的两个小组由早已认识的男孩组成时，情况一直很顺利；另一方面，我们也知道竞争和较量会引发敌意。

男孩们事先彼此不认识，

是否意味着夏令营会陷入混乱和无政府状态？

（答案请见第114页）

智人是高尚的野人吗?

身为社会学家兼见习咖啡师，亚历克斯·吉本在卡布奇诺咖啡屋刚工作一周就遇上了麻烦。为了提高顾客们的政治觉悟，他一直在分发自己印的小册子——《再造乌托邦:资本主义与冲突的种子》。不幸的是，卡布奇诺咖啡屋的店主卡尔·霍珀看不惯这本小册子。他认为吉本主张的“人与人之间的分歧只不过是物资分配不平等的结果”观点简直天真得无可救药。

根据吉本的说法，人类本质上是善良、协作、爱好和平的，只是阶级社会的扭曲使大家产生了争端。伟大的改变无疑已经近在咫尺，它将使人类回归这种幸福状态，冲突将成为过去时。

霍珀听完这套“资本主义不平等”的说法，抑制住了抄起咖啡壶砸向吉本的冲动。霍珀表示，英国政治哲学家托马斯·霍布斯说得很对，人类几乎不需要任何借口就将世界分成了“正义”和“不正义”两部分，彼此施以各种形式的暴力和恶行。

两个人谁说得对?

（答案请见第117页）

脑筋急转弯9

所有哺乳动物都会死。女人会死。

因此，女人是哺乳动物。

这个推论成立吗？如果前提是正确的，结论是否必然正确？

（答案请见第139页）

脑筋急转弯10

图中哪条线（不包括箭头）更长？

救援会到来吗？

金发姑娘是一位著名的赏金猎人，她目前的任务是追踪臭名昭著的“三熊帮”，该帮派一直威胁着整个蒙大拿州的麦片粥制造商。她只知道这个帮派有三名成员（据目击者称，分别是一雌一雄和一个烦人的小家伙）[1]，目前藏在冰川国家公园的森林里。

这能解释金发姑娘当下令人担忧的困境。她独自待在冰川国家公园偏僻角落的一顶帐篷里，可以听见外面传来的噪声。目前还不清楚噪声的来源，但她怀疑可能是大而毛茸茸的生物。到目前为止，她听见了窸窣声、偶尔的鼻息声和可能是嚼麦片包装盒的声音。金发姑娘想起了小红帽的悲惨命运，盘算着呼救。

幸运的是，她的帐篷搭在指定的露营区，所以周围有很多露营者。但她觉得，即使那些人听见了她的呼救，也不一定会赶来救援。她依稀记得一则报道，那是发生在纽约市的一起谋杀案，一名年轻女子当街被人刺死，虽然有数十人目睹现场，却没有一个人上前搭救。

金发姑娘的推论如下：

1 英国民间童话《金发姑娘和三只熊》中，金发姑娘闯进林间小屋，喝了熊爸爸、熊妈妈和熊宝宝的粥。

· 她如果大声呼救，可能会吸引在帐篷外面弄出噪声的庞然大物。

· 因此，为了让呼救的好处大于风险，她必须确定别人听见呼救会来帮忙。

· 她知道能听见呼救的范围内有其他人，但不知道他们会不会前来帮忙。

在这种情况下，金发姑娘应该怎么做？
如果有人听见她的呼救，会赶来救援吗？

（答案请见第119页）

你更喜欢谁？

彼得·坎贝尔一直为自己能够判断大众对某一事件或现象的反应而自豪。尽管他的朋友们坚持认为，只有疯子才会欣赏“杰德沃德兄弟”歌唱组合的魅力，但彼得始终深信这对双胞胎会爆红。尽管许多人都认为“袖毯”不过是随便反穿的睡袍，但彼得第一眼看见就知道它会是下一款流行产品。

因此，他很高兴能找到一份适合自己的工作——激进动物权利组织“解放所有毛茸茸”的首席公关顾问。不幸的是，“解放所有毛茸茸”的人力资源总监拉平·艾莫要彼得完成以下测试，否则就不会给他这份工作。

A组和B组各有20个人，每组人都要根据6个词的描述对一个叫扎克·科因的人做出评价。彼得要做的是，预测每组人会做出什么样的评价，尤其是他们对这个人的评价是正面的还是负面的。

A组

聪明—勤奋—冲动—挑剔—固执—嫉妒

B组

嫉妒—固执—挑剔—冲动—勤奋—聪明

彼得看到这两组形容词时，简直不敢相信自己的运气这么好。在他看来，扎克·科因1号显然比扎克·科因2号更招人喜欢，因此得到的评价会更积极正面。扎克·科因1号似乎是个积极的实干家，他知道自己想要什么，并孜孜以求。相比之下，扎克·科因2号的嫉妒和固执似乎掩盖了其他优良品质（例如勤奋和聪明），所以不太可能取得事业的成功。

彼得预测A组对扎克·科因的评价会比B组更积极正面，他的预测正确吗？

（答案请见第121页）

跟我约会吧？

关于要不要参加在亨伯赛德河畔的顶级俱乐部“贝拉夫人”举办的“禁酒令”滑稽戏主题之夜，“丑人权益促进会”的会长杰里·乔与母亲发生了争执。

杰里：得了吧，你不是真的要告诉我，我穿上流苏衣服、围上羽毛围巾看起来很棒吧？

母亲：噢，我可不敢想象你打扮成那副模样。我只想告诉你，外表不代表一切。

杰里：所以你是说我丑？！

母亲：我更喜欢用“朴实”这个词。不管怎么说，你是“丑人权益促进会”的会长，所以就别冲我发火了。我只是说，如果你去参加活动，展现你的个性，肯定会有年轻女士喜欢上你。你这个人很有趣。

杰里：我身高才一米五七。

母亲：你明明才一米五五。但人们并不像你想的那么肤浅。你真的以为，只因为你长得像只脾气暴躁的小地精，别人就会无视你？你有颗天使般的心。你关心别人，有同情心，喜欢山羊，这些都会吸引别人。去跳跳舞，找人聊天，做你自己吧。然后，如果你跟某人看对了眼，就约她出去。

杰里：抱歉，你大大低估了外表的重要性。如果你长得不好看，别人就不太可能觉得你聪明、热情、人缘好、有能力。甚至有证据表明，你在职业生涯中的表现都比不上长得好看的同事。你知道吗，1900年到1968年当选的每位美国总统，都比他的竞争对手个头高。

母亲：天哪！别再老调重弹了。亲爱的，我读过你们“丑人权益促进会”的宣传手册。这不会改变“长得朴实也能跟人约会”这个事实！穿上你的流苏衣服，去贝拉夫人俱乐部，约个年轻女士出去吧。我敢打赌，她会答应的！

杰里的母亲认为吸引力不仅仅在于外表，她的说法正确吗？还是说，美貌其实很肤浅？

（答案请见第123页）

我们有多听话？

大卫·杰瑞德曾是玛士撒拉实验室的技术员，如今因为犯下重罪出庭受审。过去他一直在进行某种奇怪的大脑交换实验，将年轻背包客的大脑交换移植，然后用酷刑折磨其中一半接受手术的人（尽管律师也不确定受折磨的到底是谁）。

杰瑞德并不否认自己做了这些事，但声称自己应该得到宽大处理，因为处在他这种环境中的绝大多数人都会做同样的事。对人进行大脑移植和施加酷刑只是他工作的一部分，他只是在服从上级的命令。

在法庭上，当杰瑞德被问到为什么不拒绝执行上级下达给他的指示时，他回答说，当时一切似乎都光明正大、合理合法。他的上级是资深的科学家，而且受害者也签署了同意书，他工作的地方很现代化——全是高科技设备。现在，他意识到了自己无谓的自信，但仍坚称自己的做法跟大多数人并没有什么不同。

如果情况相同，

大多数人会接受用酷刑折磨另一个人的指示吗？

（答案请见第 125 页）

脑筋急转弯11

芝加哥有5%的人没有在电话簿上登记号码。

假设你从城市电话簿中随机选择150个号码，其中多少人有未列入电话簿的号码？

（答案请见第139页）

脑筋急转弯12

玛丽今年32岁。

她的岁数是她弟弟的4倍。

玛丽多少岁的时候，她的岁数是弟弟的两倍？

莉兹应该选择谁?

热门电视节目《最佳伴侣》的参赛者莉兹·班纳特必须做出决定,这个决定可能彻底改变她的一生。在演播室里,在电视观众面前,她必须选出希望成为自己丈夫的男士。

节目的具体形式如下:共有三名性别相同者和一名性别不同者参加,大家都单身,且都在寻找另一半。他们将完成一系列任务并回答一连串问题,演播室里和电视机前的观众将为他们打分,打分的依据包括外貌、智力、幽默感等。

仅有的一名男性或女性将获得打分结果,节目鼓励他(她)根据排名数据在三名异性中选出希望与之共度浪漫假期的一个。他(她)有十分钟时间做出选择,在此期间可以和三名候选人互动(虽然看不见他们的模样)。

莉兹遇到的两难困境如下:根据与三名男性候选人的对话,她喜欢查理超过威廉和乔治。但排名数据告诉她,查理在外貌、智力、魅力等方面的得分都远远高于自己。另外,她觉得十分讨喜的威廉,得分几乎与她旗鼓相当。

莉兹更倾向于选择查理，这一点也不奇怪。查理显然是最受欢迎的候选人，而她也喜欢容貌俊美、魅力四射的男人。但她不禁怀疑，也许威廉更适合建立长期关系，而这也正是她参加《最佳伴侣》的初衷。简而言之，她担心自己有点儿高攀不上查理。她认为，在没有多少相关信息的情况下，用这种方式思考恋爱关系简直太荒唐了。不过，她确实希望能建立长久的关系。

如果莉兹的目标是建立长期的恋爱关系，

她应该选择谁？

（答案请见第 127 页）

5

何时信念不再是信念?

·应当相信床底有怪物吗? ·何时信念不再是信念?

·我们是“缸中之脑”吗? ·我们的进化是为了了解世界吗?

我所知道的,就是自己一无所知,此乃真知的意义。

——苏格拉底

最令人头大的哲学问题,也许是激进怀疑论者提出的“获取知识的可能性”问题。从本质上来说,激进怀疑论者断言,由于我们没有直接认识外部世界的途径,也无法排除在某种程度上系统地误解了现实本质的可能,所以我们不能声称自己了解世界。

本章介绍的谜题和难题探讨了知识和信念的局限性。如果你能找到答案,就解决了过去2000多年来某些最伟大的思想家都没能解决的问题。显然,如果真是这样,你应该立刻辞职,去做哲学家。这虽然会导致收入下降,但你必将举世闻名。

应当相信床底有怪物吗？

鲍里斯·斯托克斯认为自己是个讲逻辑的人。他是当地怀疑论者协会的成员，喜欢玩数独游戏，早年间甚至拥有全套化学仪器。但不幸的是，他最近出现了幻觉。那可不是什么令人愉快的幻象，而是一只尖牙利齿的大怪物。他知道现实世界中不存在那种怪物，因此去看了精神科医生。医生告诉他，这种幻觉要么是对疯狂世界的理性反应，要么是精神疾病的表现。

鲍里斯很清楚，大脑受到干扰会导致幻觉。因此，他倾向于认为自己得了精神疾病。他当然不相信那种怪物真的存在，但令人不安的是，根据他的亲身体验，怪物跟现实生活中其他物体（桌子、椅子等）一样看得见、摸得着。

鲍里斯认为最好的方法是忽略怪物，以“怪物不存在”这个（在理性上合理的）前提继续过日子。这在一段时间内效果不错，但随后情况发生了变化，怪物变得极具攻击性。鲍里斯打算看美剧《新飞越比佛利》的时候，怪物开始冲他咆哮，而且攥住遥控器不放。显然，这让鲍里斯很不高兴。是的，怪物可能只是幻觉，但如果它发起攻击，会发生什么事呢？它可能会像真正的怪物一样对他造成伤害。鲍里斯忍不住想：要是怪物是真的呢？他很清楚怪物并不是真实存在的，但从逻辑上也不能排除这个可能性。怪物有可能存在。

后来，鲍里斯设想的情况真的出现了。一天深夜，鲍里斯独自待在洗手间，怪物突然撞破窗户闯了进来——至少鲍里斯看见的是这样。怪物俯身盯着他，没有立刻发起攻击，但它就站在他面前。他能闻见它腐臭的呼吸。鲍里斯闭上眼睛，希望怪物消失，但他能听见它的呼吸声，也能感受到它的恶意。他的脑海中一直萦绕着这个念头：如果它是真的呢？

在这种情况下，鲍里斯承认“怪物是真的”并立刻逃开，这么做是合理的吗？

（答案请见第129页）

何时信念不再是信念？

大卫和尼古拉深陷爱河无法自拔。他们和所有热恋中的情侣一样，每天都爱意绵绵地对视，互发可爱的猫咪图片，监视彼此有没有在网上跟别人调情。不过，这段浪漫恋情上空笼罩着一朵巨大的乌云——死亡。这不是说两人其中一个会很快死去，而是他们意识到这份爱情不可能持续到永远。他们因此越来越焦虑。

就在此时，他们遇到了一个惊喜。一天晚上，两人正打算去当地一家酒吧共饮甜酒，一位名叫吉姆的天使突然出现在他们面前，提出跟他们做笔交易：如果两人分开20年，并且在此期间不再联系，天使就会解决“死亡”这个问题，让他们能永远在一起。两人被这个提议吓到了，于是请天使补充一些细节。

天使解释说，这笔交易是一次性的，包含两个严格的条件：

1. 如果两人接受，不但要分开20年，而且在此期间不能有任何接触。
2. 做出决定后，两人无法改变主意。

但好消息是，这笔交易附带以下保证：

1. 20年后，两人将永远在一起。

2. 两人在一起将非常幸福，并永远不会后悔自己做出的决定。

3. 尽管两人20年不能有任何接触，但双方在这段时间里不会有任何改变。

吉姆是天使，所以大卫和尼古拉相信他说的是实话。两人心里都很清楚，他们希望与彼此共度余生，但他们不确定该不该接受这笔交易。“永远在一起”是让人无法抗拒的回报，但他们在分开期间会非常想念彼此，所以这不是什么可以轻易决定的事情。

他们应该接受这笔交易吗？如果接受的话，在分开的20年里，他们将有什么感觉？

（答案请见第131页）

我们是“缸中之脑”吗?

雨果·史密斯是“缸中之脑”农场的运营经理。在这家农场里，人类大脑被储存在一大缸营养液中，与模拟设备相连。该设备复制了外部世界的电脉冲，创造出了与现实世界别无二致的虚拟现实。

雨果管理着“自由思想农场”。农场里成千上万颗大脑都被存储在一个大缸里，每颗大脑中都完美地模拟着俄亥俄州克利夫兰市的生活。雨果过去一直是这么认为的，直到今天早上跟人进行了一次谈话。

雨果正准备吃早餐麦片，一个名叫奥菲斯的男人突然告诉他，他根本不是在农场里工作。事实上，雨果本人就是一颗缸中之脑，目前正在接收英格兰福克斯通一台超级电脑发出的电脉冲。

雨果当然无法接受这个说法，尤其是奥菲斯后来还提到了不同颜色的小药丸。不过，现在他有点儿担心了。他没有特别的理由怀疑奥菲斯说的是真的，但他也意识到，如果自己确实生活在模拟现实里，自然也无法分辨自己是不是“缸中之脑”。

雨果怎么才能确定自己不是生活在虚拟现实中的“缸中之脑”呢?

（答案请见第134页）

脑筋急转弯13

你打算去看戏，付钱买票的人是你。

假设票价不变，你是带一个朋友去看两次戏便宜，还是一次带两个朋友去便宜？

（答案请见第139页）

脑筋急转弯14

两位老人想要过河，过河的唯一方法是坐船，但船一次只能载一个人。如果没有乘客，船就不能过河。此外，也没有绳索或类似的东西能帮忙。

尽管如此，两位老人还是过了河。

这是怎么回事？

我们的进化是为了了解世界吗？

臭名昭著的“三熊帮”成员正一边讨论人类的古怪行为，一边享用美味的玉米片、帐篷和某种可疑的肉类。

三只熊先是承认了达尔文对人类这个物种的观点。就它们所知，人类跟熊一样，是自然选择进化的产物。人类的大脑可能比熊大——虽说以小红帽为例，它们很难相信这一点——但人类的大脑仍然是纯粹的实体，通过感觉器官处理外界传来的数据。大脑的构成遵照基因提供的指令构建，比起无法促进繁衍的基因，在大脑中成功促进繁衍的基因将有更多的传承机会。三只熊完全持自然主义观点，确信整个过程由一定的自然法则驱动。

部分原因在于，人类的行为使它们深感困惑。人类似乎对了解世界很感兴趣，并称之为寻求“知识”和“真理”。例如，他们并不满足于只吃蜂蜜，还想弄清蜂蜜的构成和产生方式。但是，鉴于人类大脑完全是通过自然的过程进化而来的，我们根本不清楚大脑是否适合完成这项任务。用达尔文的话来说，大脑的任务是促进生存，而不是构建对世界的准确表征。自然选择对真理本身并不感兴趣，它只是对任何能促进繁衍的东西进行回报。

三只熊也意识到了一个悬而未决的大难题：物体怎么可能知道该怎么做？或者，用哲学家科林·麦金

（Colin McGinn）的话来说，那块“肉”怎么可能感知世界呢？

大脑的自然主义起源与“人类能发现真理”的说法存在矛盾吗？

（答案请见第 136 页）

答 案

红球还是绿球?

答案是，选哪个罐子毫无区别，因为从哪个罐子里抽出红球的概率都是1/2。

B罐中的情况显然是这样，因为总共有100颗球，其中50颗是红球（50/100 = 1/2）。A罐中的情况也是如此，尽管罐里的红球数量不确定。不过，具体原因要稍稍复杂一些。

对于A罐，我们知道红球和绿球数量的所有组合出现的概率相等。这就意味着，A罐装有$50-n$颗红球的概率与它装有$50+n$颗红球的概率相同（n代表0到50之间任意一个整数）。其中的n相互抵消，因此总概率是50/100，也就是1/2。

如果这么解释还不清楚的话，你也可以代入特定的数字来理解。例如，A罐装有49颗红球的概率与装有51颗红球的概率相同，装有48颗红球的概率与装有52颗红球的概率相同，以此类推。

模糊效应

目前看来，这只是一个简单的概率计算问题。不过，这类谜题的有趣之处在于，人们倾向于根据所谓的“模糊效应”作答。这个概念最早是由经济学家丹尼尔·埃尔斯伯格（Daniel Ellsberg）提出的，指人们通常会选择从概率已知的选项中抽取，尽管这么做并不会提高抽中的概率。换句话来说，人们通常会避开“模糊”的选项，尽管事实上该选项与概率已知的选项抽中的机会完全相同。在这个例子中，这意味着大多数人会选择B罐。

均等的结果

“模糊效应”十分强大,会导致人们做出毫无意义的选择。例如，我们将弗兰克与红球的场景稍作变化。

假设弗兰克选择了B罐，从里面抽出了第一颗球，结果是红球。随后，罐子里补充了一颗红球（这么一来，情况其实与最初完全一样），请弗兰克再次做出选择。但是，为了今晚能借到红球（从弗兰克的角度来看，这是他更想要的结果），他必须从其中一个罐子里抽出一颗绿球。在这种情况下，弗兰克应该选择哪个罐子?

答案还是一样，这个跟选择哪个罐子毫无关系。但在这个变化后的场景中奇怪的一点是，即使现在希望得到的结果完全相反，大多数人仍然会选择B罐。这根本没有道理。我们知道，B罐中红球和绿球的比例是50 ： 50。因此，最初选择B罐而不是A罐的唯一原因是，人们认为从A罐抽到红球的可能性低于50%（否则选择B罐就没有任何好处）。

由此可见，第一次选择意味着人们相信从A罐中抽到绿球的可能性高于50%（请记住，罐子里只有红、绿两种颜色的球）。但是，这意味着第二次做选择（更想要的结果是绿球）时，仍然选择B罐就完全说不通了。我们知道，从B罐抽出绿球的概率是50%。正如我们看到的，这要小于我们最初认为能从A罐抽出绿球的概率。

电梯出故障了吗?

这是“电梯悖论”的另一个版本。“电梯悖论”最早是由物理学家马文·斯特恩（Marvin Stern）和乔治·伽莫夫提出的。想要理解到底发生了什么事，关键在于弄清彼得和爱洛伊丝公寓的位置。彼得的公寓靠近底层，爱洛伊丝的公寓靠近顶层。这就意味着，彼得想要搭乘电梯的时候，电梯往往是下行；而当爱洛伊丝想要搭乘电梯的时候，电梯往往是上行。原因如下：

基本上，这解释起来很简单。电梯大部分时间都在彼得所在楼层之上运行，因此当彼得等电梯的时候，电梯很可能处于他的上方。这就意味着，他看到的第一部电梯往往是下行的，而对爱洛伊丝来说，情况则恰恰相反：电梯大部分时间都在她所在楼层之下运行，因此当她等电梯的时候，电梯往往处于她的下方。这就意味着，她看到的第一部电梯会是上行的。

下面的例子可以清楚地说明这个问题。请想象一幢十层楼的建筑，电梯经过每一层楼要花2分钟。后面的表格显示了从早上7:58起电梯的运行时间。

正如你看到的，电梯往返一趟要花36分钟。重点在于，如果你住在底层附近（比如2楼），那么你需要在4分钟的窗口期内等在电梯间，才可能直接等到上行的电梯。具体来说，你需要在7:58到8:02之间抵达电梯间。除此之外，你在这36分钟里的其他任何时间抵达电梯间，都可能要等电梯下来。由此可见，如果你在7:58

到8:34之间任意一个时间点抵达电梯间，要等电梯先下来的可能性比直接乘坐上行电梯的可能性大得多（这正是彼得遇到的情况）。

在现实生活中，有一些变量会让情况变得更复杂。例如，电梯很可能会闲停在1楼，这将提高一等到电梯就可以直接上行的概率。不过，在只有一部电梯的建筑中，情况通常都符合前面提到的基本模式。如果你住在底层附近，那么你等电梯时它往往是下行的；如果你住在顶层附近，那么你等电梯时它往往是上行的。

楼层	时间
2楼	7:58
1楼	8:00
2楼	8:02
3楼	8:04
4楼	8:06
5楼	8:08
6楼	8:10
7楼	8:12
8楼	8:14
9楼	8:16
10楼	8:18
9楼	8:20
8楼	8:22
7楼	8:24
6楼	8:26
5楼	8:28
4楼	8:30
3楼	8:32
2楼	8:34
1楼	8:36

乌鸦是什么颜色?

尽管令人难以置信,但"存在一个红苹果"确实有可能支持"所有乌鸦都是黑色的"这个论点。想知道为什么,你有必要了解一下所谓的"乌鸦悖论"。这个悖论最早是由德国逻辑学家卡尔·古斯塔夫·亨佩尔(Carl Gustav Hempel)在20世纪40年代提出的。

接下来的论证有点儿复杂,但如果我们慢慢来的话,应该还算好懂。首先请注意,"所有乌鸦都是黑色的"这个命题在逻辑上等同于"所有不是黑色的东西都不是乌鸦"这个命题。

逻辑等价

要想理解为什么会这样,请思考由后一个命题的真假所产生的结论。如果"所有不是黑色的东西都不是乌鸦"是真命题,那么"所有乌鸦都是黑色的"也必定是真命题,因为没有不是黑色却是乌鸦的东西。反过来,如果"所有不是黑色的东西都不是乌鸦"是假命题,那么"所有乌鸦都是黑色"也必定是假命题,因为至少有一样不是黑色却是乌鸦的东西。把两个命题放在一起看,你就会发现它们在逻辑上是等价的。

论证的下一阶段是考虑哪些论据能支持"所有乌鸦都是黑色的"。就此而言,如果你看见过一只黑乌鸦,它就能作为"所有乌鸦都是黑色的"的一个论据。当然,它并不能证明这个命题是真的。但即使只存在一只黑乌鸦,它也能成为支持这个命题的论据。

如果“所有乌鸦都是黑色的”是真命题，那么只要观察到一个符合该命题的例子，就可以作为有利于它的证据，并据此得出“所有不是黑色的东西都不是乌鸦”也是真命题。换句话说，如果我们能找出一样既不是黑色也不是乌鸦的东西，它就能成为支持这一命题为真的证据。红苹果就是这么一样东西，因为它既不是黑色，也不是乌鸦。由此可见，“存在一个红苹果”是佐证“所有不是黑色的东西都不是乌鸦”的证据。

总结陈词

接下来就进入了论证的最后一步。我们在前面提到过，“所有乌鸦都是黑色的”这个命题在逻辑上等同于“所有不是黑色的东西都不是乌鸦”这个命题。这就意味着，如果“存在一个红苹果”是支持后一个命题的证据，那它也必定是支持前一个命题的证据。因此，比尔·陶伯说的似乎没错：尽管红苹果与乌鸦毫无关系，但他掏出的苹果似乎确实支持了“所有乌鸦都是黑色的”这个说法。

当然，这个说法有悖直觉。这就是为什么“乌鸦悖论”被称为悖论。尤其令人难以置信的是，竟然可以通过观察苹果来了解乌鸦。不过，有一种方法可以解决这个悖论：接受情况的确如此——世界上确实存在大量不是黑色的东西，只是我们知道的数量微乎其微。

这个推论的细节非常复杂，但为了弄清它的原理，我们可以想象两个截然不同的世界：第一个世界存在两只乌鸦和十亿个不是黑色的东西，第二个世界则存在十亿只乌鸦和两个不是黑色的东西。如果你在第一个世界看到一只黑乌鸦，这就为“所有乌鸦都是黑色的”这个说法提供了大量证据（因为你观察到了50%的乌鸦）。但如果你在这个世界看到了一个不是黑色的东西，那么它能支持“所有乌鸦都是黑色的”的可能性虽然不是零，但也微乎其微。

但在第二个世界，情况则有所不同。在这里，看到一只黑乌鸦并不能证明“所有乌鸦都是黑色的”（因为还有近十亿只其他乌鸦，其中任何一只都可能不是黑色的）。但在这个世界上，看到一个不是黑色的东西（假设它不是乌鸦），能提供大量证据支持“所有乌鸦都是黑色的”的说法，因为除了它之外，只有一个不是黑色的东西可能是乌鸦。

人少且幸福的国家最好吗？

哲学家德里克·帕菲特（Derek Parfit）在著作《理与人》中探讨了一个类似的问题：一个人口众多、反乌托邦性质的国家，可能会比一个人口稀少、人人幸福的国家更好。他称其为“令人反感的结论”（因为其中隐含了功利主义观点），具体表述如下：

对于一个至少有一百亿人口、人民生活质量极高的国家来说，必然存在一个人口比它多得多的国家，在其他条件完全相同的情况下，即使后者人民的生活几乎毫无意义，其生存也更好一些。

至于为什么会出现这种情况，具体论证如下：请想象两个国家。A国人人幸福快乐，A+国由两部分人组成，一部分人的生活与A国完全相同，另一部分人独立生活（也许与该国的其他人隔海相望），虽然幸福指数没那么高，但活得还算不错。你不会认为，如果第二部分人不存在，所有人的生活质量会好得多。第二部分人的情况并不会影响到第一部分人，而且他们的生活也有意义。由此可见，A+国的状况并不比A国差。

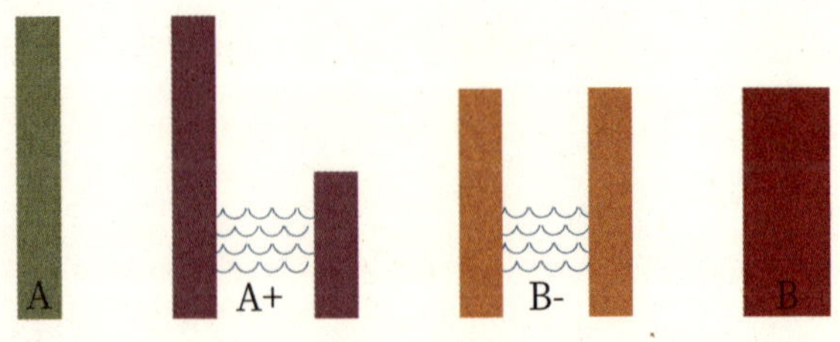

接下来，想象一下第三个国家——B-国，它同样包括两部分独立生活的人。这一次，第二部分人的幸福指数有所上升，与该国其他人的幸福指数相等（第一部分人的幸福指数有所下降，但下降幅度不及第二部分人的上升幅度）。看起来，如果说B-国有哪方面胜过A+国，那就是平等程度更高，平均幸福指数也更高。

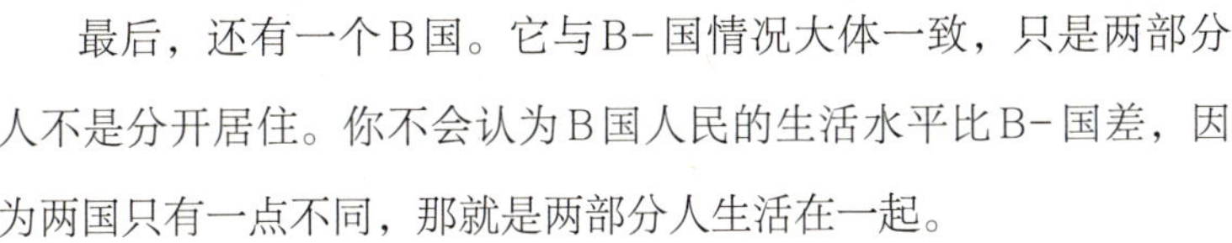

最后，还有一个B国。它与B-国情况大体一致，只是两部分人不是分开居住。你不会认为B国人民的生活水平比B-国差，因为两国只有一点不同，那就是两部分人生活在一起。

纯粹加法悖论

将上述几点全部加起来，得出的结论是：B国并不比B-国差，B-国不比A+国差（甚至可能比A+国好），A+国也不比A国差。因此，B国尽管人口众多，幸福指数较低，但整体状况并不比A国差（甚至可能比A国好）。

这确实有悖直觉。但请想一想，你也可以以此类推，想象出B国、C国、D国等，直到得出一个“令人反感的结论”：人口数不胜数、生活糟糕透顶的Z国情况并不比A国差。

这一推论被称为“纯粹加法悖论”，一旦陷入类似令人困惑的怪圈，就很难脱身了。例如，你也许会认为A+国实际上比A国差，因为A+国人的平均幸福指数较低。如果是这样的话，肯定能避免

推导出“令人反感的结论”。然而，我们似乎也需要思考，一个由10个极其幸福的人组成的社会，要比由100万个幸福指数稍低的人组成的社会更可取。但事实上，在人口较多的社会里，人们的总体幸福指数会高得多。

林赛·里斯可能会运用自己的推论，说服火星人放过她的祖国。也许你可以这么想：如果我们认为人类生命是有意义的，那么当然是人越多越好（前提是生活值得一过）。但这绝不是哲学家德里克·帕菲特能够接受的结论。在他看来，“令人反感的结论”不管怎么说都令人反感。

为什么理发师要逃离小镇？

理发师之所以要逃离小镇，是因为他不想冒着生命危险违反参孙颁布的新法令，但又不知道该找谁来给自己剃光头。

新颁布的法令要求每个人在以下两种方法中选择一种（而不是两种都选）剃成光头：

1. 自己给自己剃头。
2. 找理发师剃头。

由此可见，理发师只能给那些不给自己剃头的公民剃头。你可能会认为没有问题，这个规则听起来合情合理。但只要想到“该由谁给理发师剃头”，问题就变得复杂起来了。

理发师悖论

理发师只有两个选择：要么自己给自己剃头，要么找理发师剃头（镇上唯一的理发师就是他自己）。问题在于，这两种做法最终都会违反参孙颁布的新法令。如果理发师自己给自己剃头，那他就是被理发师剃了头，而这违反了法令。因此，他不能给自己剃头。但如果他不给自己剃头，那他就必须让身为理发师的自己给自己剃头，因为每个不自己剃头的公民都必须找理发师剃头。

这个难题被称为“理发师悖论”，有时也被视为伯特兰·罗素著名悖论的一个版本。罗素提出的问题是，“所有不包含自己的集合”的集合，是否应该包含它自己？这是个真正的悖论。如果“所有不包含自己的集合”的集合不包含自己，那么它就应该包含自己，因为它是一个“不包含自己的集合”；如果它包含了自己，那么它就不该包含自己，因为在这种情况下，它就不属于“不包含自己的集合”了。但“理发师悖论”的情况略有不同，因为这个悖论很容易破解。你只需要指出，“给自己剃头”且“不给自己剃头”的理发师根本不存在。当然，这就是理发师不得不逃离琐拉镇的原因——他没法不违反参孙颁布的新法令。

这个谜题还有另外一个变体，需要一点儿辩论的技巧来解决。看看你能不能想出解决方法：

一个小镇上的理发师表示：“我只给我们镇上不给自己剃头的男人剃头。”

那么，该由谁来给理发师剃头呢？

论证有效还是无效？

亚历克斯·吉本需要判断三个论证是否有效。在这种情况下，有效的论证拥有明确的定义：只有根据前提必然能推导出结论时，才能说这个推论是有效的。有效推论的经典示例如下：

凡人皆有一死。苏格拉底是人。因此，苏格拉底会死。

需要理解的关键在于，即使论证有效，结论也不一定是真的。请想一想以下情况：

所有人都有翅膀。苏格拉底是人。因此，苏格拉底有翅膀。

这个论证是有效的（根据前提必然推导出结论），但结论是假的（因为第一个前提“所有人都有翅膀”并不是真的）。接下来，我们来看一看亚历克斯·吉本要判断的推论。

论证1

前提：所有能吸的东西都有益健康。

前提：香烟是可以吸的。

结论：香烟有益健康。

论证有效。这个结论当然是无稽之谈，但毫无疑问能从前提推导出来。

论证2

前提：所有四足动物都是危险的。

前提：贵宾犬不危险。

结论：贵宾犬不是四足动物。

论证同样有效。如果“所有四足动物都是危险的”和“贵宾犬不危险”都是真的，那么必然得出结论“贵宾犬不是四足动物”。如果你还是弄不明白，请试着换一种说法：

前提：凡人皆有一死。

前提：神是永生的。

结论：神不是凡人。

论证3

前提：所有失业者都很穷。

前提：唐纳德·特朗普没失业。

结论：唐纳德·特朗普不穷。

论证无效。尽管结论确实是真的，但并不是根据前提推导出来的。因为除了失业者之外，其他人也可能很穷（例如老年人）。

信念偏差

上述推论旨在展示一种被称为“信念偏差”的认知偏差。乔纳森·埃文斯（Jonathan Evans）等心理学家开展的研究显示，当某个推论的结论与我们原有的信念背道而驰时，我们并不擅长判断演绎论证是否有效。换句话来说，如果推导出的结论令人难以置信，我们很容易否定论证的有效性；如果推导出的结论令人信服，我们则很容易承认论证的有效性。这就意味着，如果你分辨不出上述论证是否有效，不妨告诉自己，这不是因为你不擅长推理，而是因为你受到了认知偏差的影响。

鳄鱼会怎么做?

“鳄鱼”向罗纳德·蓬普提出的交易戏仿了所谓的“鳄鱼悖论”。这个悖论最早是由古希腊人提出的，有时会归在斯多葛学派哲学家克吕西波斯（Chrysippus）名下。悖论如下：鳄鱼许诺归还偷走的孩子，前提是孩子的父亲能正确判断鳄鱼会不会归还孩子。

如果父亲回答说“鳄鱼会归还孩子”,那么接下来的情况很简单，可能会出现两种结果：

1. 鳄鱼已决定归还孩子。父亲对将要发生的事判断正确，这意味着鳄鱼将按照约定归还孩子。
2. 鳄鱼已决定不归还孩子。父亲对将要发生的事判断错误，这意味着鳄鱼将留下孩子（可能会把孩子当零食吃掉）。

自相矛盾的结果

但是，如果父亲回答说“鳄鱼不会归还孩子”，情况就变得有些棘手了。还是可能出现两种结果，但这一次两种结果都会导致悖论：

1. 鳄鱼已决定归还孩子。父亲对将要发生的事判断错误，这意味着鳄鱼将留下孩子。但是，如果鳄鱼留下了孩子，就证明了父亲对将要发生的事判断正确，这意味着鳄鱼应该归还孩子。

2. 鳄鱼已决定不归还孩子。父亲对将要发生的事判断正确，这意味着鳄鱼将按照约定归还孩子。但是，如果鳄鱼归还了孩子，就证明父亲对将要发生的事判断错误，这意味着鳄鱼应该留下孩子。

这些结果是自相矛盾的，因为无论是哪种结果，都无法确定鳄鱼该不该归还孩子。这意味着鳄鱼总是有借口不归还孩子。因此，如果父亲预测鳄鱼不会归还孩子，就永远找不到无可辩驳的理由能让鳄鱼归还孩子。

因此，罗纳德·蓬普目前无法明确地回答“鳄鱼”。他有两个选择：第一，他可以寄希望于“鳄鱼”良心发现，突然决定归还女儿；第二，如果他猜测“鳄鱼”一心想获得赎金，也可以预测“鳄鱼”不会归还女儿，然后寄希望于这一预测引发的悖论能把“鳄鱼”绕晕。

机器人怎么了?

想要弄清艾尔桑塔酒吧究竟发生了什么事，第一步是要意识到，决定某个机器人会不会来酒吧的唯一因素，是对“当晚会有多少机器人去酒吧”的预测结果。所有机器人都知道，如果来酒吧的机器人少于60个，大家都能玩得尽兴；如果来酒吧的机器人多于60个，大家谁也没法玩到尽兴。这意味着以下规则在发挥作用：当且仅当预测“今晚去酒吧的机器人会少于60个”时，某个机器人才会来酒吧；当且仅当预测“今晚去酒吧的机器人会多于60个”时，这个机器人才会待在家里。

以往的到场人数

下一步是考虑哪些因素会影响对到场人数的预测。请记住，机器人之间无法事先交流，而且必须在同一时刻决定要不要去酒吧。在现实生活中，天气等因素与到场人数息息相关，但经济学家威廉·布莱恩·亚瑟（W. Brian Arthur）在最初构想这个问题时设定，唯一的影响因素是前几周的到场人数。

这就给我们提供了线索：假设在预测本周到场人数时，所有机器人完全根据上周到场人数做预测。如果上周来酒吧的机器人少于60个，那么本周来酒吧的机器人就会少于60个；如果上周来酒吧的机器人多于60个，那么本周来酒吧的机器人也会多于60个。

仅仅根据这一规则做预测，会导致每周四晚的到场人数呈现一定的规律。要么是所有机器人都到场（因为上周只有不到60个机器人来酒吧，所以大家都预测本周到场的机器人会少于60个），要么是没有一个机器人到场（因为上周有不少于60个机器人来酒吧，所以大家都预测本周到场的机器人不少于60个）。

厄尔法罗酒吧问题

不过，没有哪个自持身份的机器人会根据这么简单的规则做预测。而且，也没有任何迹象表明，预测时需要考虑的唯一因素是前几周的到场人数。事实上，前几周的到场人数根本影响不到本周的情况。无论预测规则有多么复杂，如果所有机器人都采用同一规则，而且它确定预测结果的概率为1，那么在所谓“厄尔法罗酒吧问题”中，所有机器人做出的预测都将是自欺欺人。

换句话说，如果大家都预测“去酒吧的机器人将少于60个”，那么实际上所有人都会到场；如果大家都预测“去酒吧的机器人将多于60个”，那么实际上所有人都不会到场。当然，实际上出现的情况正是如此。机器人被设定为根据同样的规则判断是否去酒吧，结果就是它们一直没有好好享受过“发电站乐队之夜”。

你的邻居是僵尸吗？

豪尔赫陷入两难困境，他遇到了哲学家所谓的“他心问题”（problem of other minds）。简而言之：鉴于无法得知别人的内心状态，我们怎么才能确保他们是有心智的？“人能展现某些行为”似乎并不能证明他们有心智，因为不难想象复杂的机器人也能展现同样的行为，但它们并没有心智。所以说，豪尔赫很可能是个生物机器人。

精神世界

豪尔赫可以用很多论证方法为自己辩护。最传统的方法是类推法，也就是从两个事实推导出其他人存在心智：

A. 所有人类都有类似的身体结构；

B. 其他人对某些事的反应跟我一样。

如果我用刀刺伤自己，会感到疼痛并大叫，其他人用刀刺伤自己时也会大叫。由于我们拥有相同的生理机能，所以可以推断他们也感到了痛苦。

这个推论相当合理，可惜对于豪尔赫来说，这个推论并不能确定什么。“捉

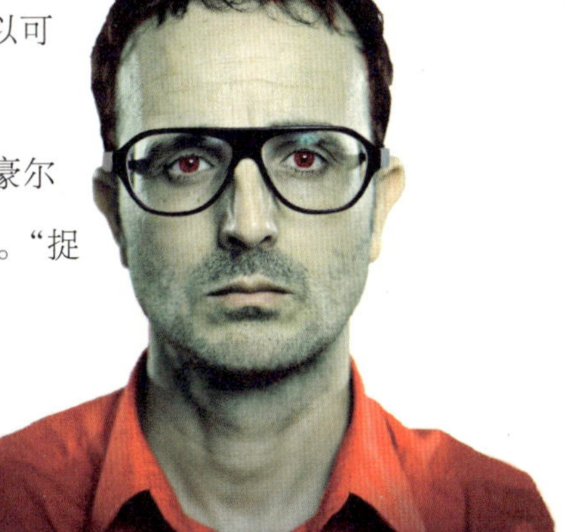

鬼队”可以简单地反驳说，这个推论把它要证明的东西当作了前提假设：如果你的身体与正常运作的人类相同，那么你就拥有精神世界。麻烦之处在于，这似乎并不符合逻辑。因为你完全可以想象一个充斥着生物机器人的世界。在那个世界里，复杂的机器像人类一样行动，但没有任何意识。

不过，豪尔赫可以回答说，尽管可以想象在某些可能存在的世界里有僵尸，但在我们生活的世界里并没有那种玩意儿，因为我们的世界存在自然法则，将“大脑的物理属性”与“特定的心理状态”联系在一起。如果这个说法是正确的，那么在我们的世界里，拥有一颗像人类一样运作的大脑（即使是复杂的机器人大脑）就能确保存在精神世界。如果你的大脑处于某种状态，那么无论你是什么人或什么东西，都能感觉到相应的疼痛。

出路何在？

这能让豪尔赫摆脱困境吗？不幸的是，这个推论并不能彻底地解决问题。对方可以简单地否认“大脑”加上“合适的自然法则”足以产生意识。例如，可能有人深信“想要存在精神世界，还必须有某种活生生的灵魂”。如果这个说法是正确的，那么豪尔赫是僵尸的可能性就还是无法排除。尽管豪尔赫可以提出强有力的论据，否定自己是僵尸的可能性，但他无法排除所有可能的质疑。也就是说，他仍然面临被“捉鬼队”处决的危险。

不过，如果他真的是僵尸，也许并不在乎被处决。

该为无法避免的事负责吗?

人们普遍认为，决定论（认为一切事件都是先前事件的结果）会削弱道义责任。也就是说，人不该为必定发生的事负责。如果你除了实际做出的选择之外别无选择，那么让你为此负责似乎是不合理的。

这项涉及“金牙”和鲍里斯·亨廷顿的思维实验，最初是由哲学家哈里·法兰克福（Harry Frankfurt）设计的，旨在向决定论发起挑战。除了暗杀邦尼·艾莫之外，鲍里斯别无选择，因为如果他做出别的选择，“金牙”就会激活微芯片，确保鲍里斯继续执行暗杀行动。尽管事实如此，但大多数人还是更倾向于认为鲍里斯在杀死邦尼这件事上负有道义责任，因为实际上微芯片并没有被激活。这似乎表明，哪怕一个人实际无法做出别的选择，也需要为自己做出的选择背负道义责任。

决定论的真实一面

不过，事情往往并不像初看起来那么简单。棘手之处在于，这里出现了“乞题”（question-begging，又称循环论证）：如果决定论为真，那么微芯片与“鲍里斯除了刺杀邦尼之外别无选择”就毫无关系。简而言之，根据“决定论为真”可以推导出：既然微芯片没有被激活，那它原本就不可能被激活，因此它在这个故事里没有发挥任何作用。但如果我们从故事中删除微芯片，并清楚表明鲍里斯除了刺杀邦尼之外别无选择（这是“决定论为真”决定的），那么对于鲍里斯是否要为自己的刺杀行为背负道义责任，人们的第一反应可能会截然不同（也就是说，人们会认为鲍里斯不该为此负责）。

决定论的虚假一面

反过来说，如果决定论不是真的，那么在刺杀邦尼之前，鲍里斯肯定做出了一系列选择，而这些选择都不是由先前发生的事决定的。如果是这样的话，尽管鲍里斯肯定会去刺杀邦尼（因为他被植入了微芯片），但由此并不能证明，如果没有植入微芯片，他可能会产生某种思维过程，导致他做出不刺杀邦尼的决定，从而导致微芯片被激活。假设决定论为假，那么鲍里斯的道义责任就来自微芯片没有被激活，而不是他最终杀死了邦尼。换句话说，他的道义责任在于，他原本可以做出其他选择，但他却没有那么做。

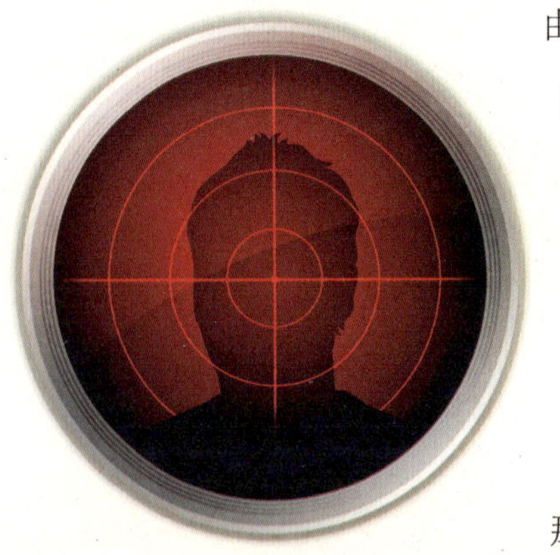

汤姆还是汤姆吗?

关于在前往小博维之旅中，汤姆·皮尔斯能否从远程传送装置中存活下来，这个问题目前还没有公认的答案。这涉及人格同一性问题，尤其是一个人的持续存在必须具备哪些条件。

如果你认为汤姆能活下来，那么你很可能认为，一个人是否存活取决于某种形式的心理连续性。简而言之，你可能认为，一个人只要保留自己的记忆、经历和个性，就算是活下来了。相反，如果你认为汤姆不能活下来，那么你很可能认为身体连续性才是最重要的。换句话来说，你可能认为，只要一个人的身体以当前的完整形式继续存在，他就算是活下来了。尽管这两种观点都有人支持，但大多数哲学家更倾向于心理连续性的说法。

传送装置故障

不过，为了说明这场争论涉及的问题有多复杂，请考虑一下由哲学家德里克·帕菲特首次提出的这个故事的变体：汤姆走进远程传送装置,按下按钮,但什么事也没有发生。他听见扫描仪嗡嗡作响，但他并没有被传送出去。他走出传送装置，被告知装置发生了故障。关于他躯体的正确信息被传送给了位于小博维的复制仪，他的复制品已经制造出来了（目前正在当地一家咖啡馆享用奶茶），但他原本的躯体没有被销毁。这就是他看起来似乎没被传送出去的原因。

随后，他又得到了一些坏消息。他遭受了致命辐射，最多只能再活几天了。在这种情况下，想到自己的复制品能继续活下去，他该不该感到安慰呢？

从心理连续性的角度来看，他似乎在这次旅行中活了下来，因为复制品与走进远程传送装置的那个人在心理层面上有连续性。但问题恰恰在于，很难想象这个念头会让他感到安慰（尽管可能有人会认为，这总比一个人都活不下来强）。大多数人会认为，复制品不是汤姆，而是一个认为自己是汤姆的人。真正的汤姆不仅没有完成旅程，而且还面临着寿命大大缩短的状况。

我有做父亲的潜在可能吗？

人们很容易认为，“月之子”一直都有做父亲的潜在可能，只是运气不好罢了。也就是说，如果他选择了x而不是y，就会发生z事，他就会有孩子。这就是所谓的潜在可能。实际上，似乎有很多方法能让他成为父亲，只是他在关键时刻做出了错误的选择（比如选择与这个女人发生关系，而不是与那个）。

决定论的视角

不过，认为“月之子”做的选择是他必然做出的，这也并不违反直觉。换句话说，除了他已经采取的行动，他不可能采取其他任何行动。这是相信决定论的人的标准观点。这些人相信，包括人类思想和行为在内的所有事件，都是先前事件导致的必然结果。如果决定论为真，那么“月之子”似乎永远不可能成为父亲。只不过在事件发生之前，我们无法得知这个说法是真是假。

你也可以这么回答：我们对物理学（尤其是量子力学）定律的了解，排除了决定论为真的可能性。简而言之，自然界中存在足够多的随机事件，意味着事物并不会遵循决定论的规律——“因为在时间y出现了条件x，所以不可避免会导致结果z”。如果说结果z不是无法避免的（“月之子”没孩子不是不可避免的），那么“人拥有尚未实现的潜能”这个说法就是说得通的。

潜能的概念

不幸的是，这个推论并不是决定性的。一部分原因在于，目前尚不清楚量子不确定性在人类行为和选择上是如何起作用的；另一部分原因在于，即使量子不确定性起作用，可能也不足以挽救“潜能”这个概念。

假设你想成为世界上速度最快的短跑运动员，这种可能性大概并不存在（如果你恰巧是尤塞恩·博尔特的话，我要说声抱歉）。但某天发生了一些随机事件，触发了连锁反应，导致你被闪电击中。结果，你能在8秒内跑完100米。那么问题就来了：我们真的会说，你一直拥有在8秒内跑完100米的潜能吗？

关键在于意识到一点：我们讨论的不是自由意志的缺失（因为很多哲学家都认为，自由意志与决定论是彼此相容的）。我们讨论的是认为存在“永远无法实现的潜能”是否合理。如果决定论为真，那就很难认为存在“永远无法实现的潜能”。如果不存在“永远无法实现的潜能”，就意味着永远不会有“月之子”的孩子满世界乱跑。

受酷刑折磨的是谁?

遇到这个问题的人通常会说，卡桑德拉应该选择“身心A”受酷刑折磨，也就是曾经属于她而如今装有苏珊娜的思想、记忆和个性的身体。这表明，大多数人都认为，人格同一性主要取决于心理上的连续性或联系性。换句话说，他们认为人格同一性的认定依赖的是心理，而不是身体。

不过，哲学家伯纳德·威廉姆斯（Bernard Williams）指出，只要换一种方式呈现以上情景，人们就可能得出相反的结论。

分离自我

假设有人告诉你，你明天早上将要受到酷刑折磨，但后来又补充说，到时候你将失去之前的全部记忆。这可能无法让你感到安慰，因为你完全可以想象，因为遭遇事故而失去记忆，但仍然会体验到巨大的痛苦。

随后你被告知，在受酷刑折磨的时候，你不但会失去此前的记忆，还会拥有另一个人的记忆。这可能同样无法让你感到安慰，因

为你完全可以想象，处于精神错乱的状态（例如以为自己是亨利八世）但仍在遭受酷刑的折磨。

同样，以下说法可能也无法让你感到安慰：受酷刑折磨的时候，你会拥有一个现在还活着的人的记忆，那些记忆将被植入你的大脑。毕竟，你拥有的是谁的记忆、那些记忆是如何进入你大脑的，似乎改变不了任何东西。如果说你此前没有感到安慰，现在也没有理由感到安慰。

关键在于，上述一系列事件恰好描述了卡桑德拉和苏珊娜将要经历的情况，但给人的直观感受却截然不同。现在看起来，身体的处境似乎至关重要。如果不是这样的话，我们就不必害怕受酷刑折磨了。根据伯纳德·威廉姆斯的说法，这使得整个情况“神秘莫测”：

> 面对这两种不同表述时，我们真的能说服自己，第二种表述是错误或有误导性的，进而接受看似令人信服的第一种表述吗？当然不会。

显然，我们呈现场景的方式会极大地影响我们的直观感受。

要是蒙提也不知道呢？

这是“三门问题”的一种变体，被称为“无知的蒙提”或“蒙提摔倒”。其他设定与最初的“三门问题”一模一样，只不过在这个版本中，蒙提要么不知道门背后是什么，碰巧打开了一扇背后不是汽车的门，要么无意间打开了一扇门，门背后恰好不是汽车。

其中的陷阱在于，你很容易认为，由于其他设定与原始版本一样，而且无论在哪种情况下蒙提都没有暴露汽车，所以两种情况下选择换一扇门的获胜概率相等。这种想法是错误的。在原始版本中，如果你换一扇门，获胜概率是2/3；在这个变化后的版本中，换门则没有任何好处，因为无论你换不换门，获胜概率都是1/2。因此，威廉没有换门的理由。虽然换门不会降低获胜概率，但也没有提高获胜概率。

这可能会让你感到困惑不解。在两个看似完全相同的场景中，采用同样的策略（换一扇门），获胜概率却截然不同，这是怎么回事呢？

概率

我们要做的第一件事是，证明在这个新版本中，无论换不换门获胜概率都是1/2。假设你选择了1号门，然后蒙提无意中打开

3号门。下一步就是算出在所有可能出现的情况下（也就是汽车分别在1号、2号、3号门背后的情况下），3号门背后不是汽车的概率。

你很容易算出，如果汽车在1号门或2号门背后，那么3号门背后不是汽车的概率为1（也就是3号门背后肯定没有汽车，因为已经知道汽车在另一扇门背后了）；如果汽车在3号门背后，那么3号门背后不是汽车的概率为0（也就是汽车不可能不在3号门背后，因为门背后确实是汽车）。

汽车在哪扇门背后	3号门背后不是汽车的概率
1号门	1
2号门	1
3号门	0

因此，由于3号门背后不是汽车（因为蒙提不小心撞开后发现里面是山羊），可以得出结论，汽车肯定在1号门或2号门背后。我们也知道，无论汽车是在1号门还是2号门背后，3号门背后不是汽车的概率都相等。因此，汽车在1号门或2号门背后的概率都是1/2，威廉换门没有任何好处。

理解变化之处

想要弄清原始的“三门问题”和这个变体有什么区别，关键在于注意到存在主持人无意中暴露汽车的可能（因为他是随机“选择”

开哪扇门的），导致游戏还没开始就宣告结束。这一点非常重要，因为在与原始“三门问题”设定完全相同的情况下，也就是你选择了最初选择的那扇门，山羊和法拉利都在原本的地方，如果你换了门，就会赢得汽车。因为蒙提为了不暴露法拉利，不得不暴露另一只山羊。这就意味着，如果你换一扇门，肯定会选到背后有汽车的那扇门。这一点区别就解释了，为什么在原始的“三门问题”场景下，你换门后的获胜概率有2/3，而在变体版本中只有1/2。简而言之,你的选择可能在“蒙提摔倒”版本中无法赢得大奖,在原始的“三门问题”版本中则可能大获全胜。

应该从胖子身上轧过去吗?

哲学家菲利帕·福特(Philippa Foot)最早提出了“电车难题”,标准形式如下:

一辆沿轨道行驶的电车突然失控,前方轨道上绑着5个人。幸运的是,你可以按下按钮,让电车驶入另一条安全的轨道。不幸的是,那条轨道上也绑着一个人。你是该按下按钮,还是该什么也不做?

大多数人都会回答,应该让电车改道。这表明在别无选择的情况下,我们的直觉反应是,如果采取某种行为能避免更多人受害,哪怕伤害一些人有时候也是合理的。

本书描述的场景是电车难题的“绕圈”版。其他设定完全相同,只不过电车转向的岔道会绕回原先的轨道上。也就是说,如果不是因为铁轨上有个胖子,电车仍然会轧死那5个人。我们只有先考虑“电车难题”的另一个版本,才能正确理解这个变化的重要性。

胖子与桥

哲学家朱迪斯·贾维斯·汤姆森(Judith Jarvis Thomson)提出了“电车难题”的另一个版本,具体如下:

一辆失控的电车正朝5个人驶去。你站在一座桥上，电车会从桥下经过。你可以推落一件重物，让它落在电车前方，从而逼停电车。碰巧，你身边有个大胖子——让电车停下的唯一方法就是把他从桥上推下去，靠杀死他拯救前方铁轨上的5个人。你应该把胖子推下桥吗？

此处的道德考量似乎与原始版本的“电车难题”完全相同。你可以牺牲一个人（胖子）的性命，来拯救另外5个人的性命。但是，我们对“胖子”版本的直觉反应却截然不同：大多数人都认为，把胖子推下桥是不对的。

双重效应学说

那么，为什么我们的直觉反应会截然不同？一种解释是，上述两种情况在道德层面上存在差异。在原始的“电车难题”中，我们可以在“并非刻意伤害绑在另一条轨道上的一个人”的情况下，拯救绑在这条轨道上的5个人：我们的意图仅仅是让列车改道，不再驶向那5个人。在所谓的“双重效应学说”中，这种做法是得到允许的。“双效学说”指出，只要我们采取行动时无意造成不良效果（即使不良效果是作为达成良好效果的手段），如果良好效果足以胜过不良效果，那么这种行为就是合理的。显然，把胖子推下桥并没有通过上述测试，因为我们是有意利用胖子来达成良好效果的（也就是拯救5个人）。

但是，我们对上述两种情况的直觉反应有所差异，与我们是否将某人视为“达成目的的手段”有关。电车难题的“绕圈”版本使这种观点受到质疑。在这个版本中，我们救人的计划能否成功，完全取决于前方铁轨上有没有胖子。如果没有胖子，那5个人不管怎么样都会一命呜呼。只有让列车撞向胖子，才能拯救那5个人。因此，就像“桥上的胖子”版本一样，这种做法也被“双效学说”否定了。但与“桥上的胖子”版本不同，在“绕圈”版本中，人们倾向于回答说“让列车改道是合理的”。

如果被上述解释绕晕了，你也许会很高兴地得知，这个问题并没有正确答案。“电车难题”及其各种版本的重要性恰恰在于，它表明我们道德直觉的来源并不总是显而易见的。

宙斯有没有失去神力？

让宙斯绞尽脑汁的谜题被称为“全能悖论”。澳大利亚哲学家约翰·莱斯利·麦基（J. L. Mackie）对这个问题的具体描述如下：

全能的存在能造出自己无法控制的东西吗？或者说……全能的存在能制定出约束自己的规则吗？……这显然是个悖论：无论回答是肯定的还是否定的，这些问题的答案都无法令人满意。如果我们回答“能”，如果神真的造出了自己无法控制的东西，或是制定出了约束自己的规则，那么他就不再是全能的了——因为他有了做不到的事。但如果我们回答“不能”，就是断言有些事连神也做不到，也就是说他不是全能的。

不过，麦基要宣布“这个谜题是真正的悖论”还为时过早。因为，如果宙斯和其他世界的全能神祇想要坚持自己是“全能”的，还是能找出不少规避问题的说法。

第一种说法是，“全能”只需要做到在逻辑上有可能的事。例如，托马斯·阿奎那就提出，认为“全能就是要有能力做到任何事（包括不可能的事）”是矛盾的主张，因为这要求让“不可能”成为“可能”。因此，从这个意义上来说，麦基提出了过高的要求——认为“全能的存在必须有能力造出自己无法控制的东西”，因为这需要做到在逻辑上不可能的事，而且“无法做到不可能的事”并不说明“全能的存在”力量存在极限。

然而，尽管哲学家们普遍达成的共识是，“全能”并不需要做到不可能的事，但仍然存在一些异议。例如，勒内·笛卡儿就提出：

> 我们相当肯定，神可以做到我们能理解的所有事。但我们不能确定地说，神不能做到我们无法理解的事。因为，如果认为我们的想象力能企及神的力量，那就太自以为是了。

当然，如果“全能”就是要做到不可能的事，那么“全能悖论”就会再次出现，宙斯的神力就会再次受到挑战。不过，宙斯没有什么好担心的，因为存在以下推论：如果全能的存在什么事都能做到，那么他就能以人类无法理解的方式重写逻辑规则。由此可以得出结论，如果从这个意义上来说宙斯是全能的，那么他就能造出自己无法移动的大山，同时又能移动那座大山。这在我们看来似乎自相矛盾，但这只是我们的局限性，而不是宙斯的局限性。

食人必定是错的吗?

美国法理学家朗·L. 富勒（Lon L. Fuller）于1949年在《哈佛法律评论》上发表了《洞穴奇案》一文，描述了一个经典场景。本书讲述的故事就是这个经典场景的一个版本。它引出的问题既复杂又微妙，后人围绕这些问题撰写了大量文章。因此，“克拉多克俱乐部的4名成员是否应该被判谋杀”这个问题并不存在明确的答案。不过，我们可以了解与此相关的各种观点。

当地法律

首先要说明的是，请不要认为问题的关键在于克拉多克俱乐部的4名成员是否犯了道德错误。认为他们是否犯下谋杀罪与道德问题无关是完全可能的。富勒原文中一个人物“基恩法官”的观点如下：

> 我想暂时搁置一个问题，那就是判断这些人的所作所为是“对”还是“错”，是“恶”还是“善”。这……与我履行宣誓就任的法官职责无关，与我的道德观念无关，只与国内法律有关。

在我们讲述的故事里，当地法律相当明确。如果一个人故意夺取他人性命，就将被处以死刑。尽管这似乎支持“克拉多克俱乐部的4名成员依照罪行应被处决”这个观点，但有很多方式动摇了这个结论。

例如，有人可能会争辩说，这条法律根本不适用于克拉多克俱乐部4名成员面临的情况。在富勒的文章中，“福斯特法官”提出，一国制定的法律只适用于人们有可能和平共处的情况。对于被困洞穴的一群人来说，情况则并非如此。他们中任何一个人的存活，都依赖夺走其中一个人的生命。事实上，更适合特殊情况的“自然法则”占据了主导地位。由此可见，克拉多克俱乐部的4名成员应该被判无罪。

法律解读

第二种可能性取决于法律条文与法律本身之间的区别。如果法律不应只按字面意思解读，那么克拉多克俱乐部的4名成员事实上对法律条文的违反或许并不意味着他们犯下了谋杀罪。以对“自卫”的辩护为例：在英国法律中，自卫权允许一个人采取在通常情况下属于非法的行为，前提是他有充分的理由相信自己受到了迫在眉睫的威胁。显然，克拉多克俱乐部的4名成员不能声称自卫，但他们可能会辩解，存在“自卫”辩护就表明，在这类异常事件中，法律条文的字眼并不是最重要的。

公众舆论

还有人认为，为了保持国内公民对法律制度的信心，法律的适用需要有一定的灵活性。如果审判结果与公众舆论大相径庭，司法、法律程序与公民之间的协调就会受到影响。因此，在类似的案件中，有一种辩护方式是在过去的判例中寻求将被告无罪释放的理由。在

答案

富勒的文章中，“法官哈迪”是这样表达上述观点的：

宣布“这些人无罪”不需要我们不顾颜面地诡辩或欺骗，也不需要任何与本法院以往判例不一致的法律解释。行业先辈创造了“自卫”这项辩护，我想不会有外行人认为我们判决无罪的做法比他们更延展了法律条文的意义。

当然，上述说法都不具有决定性。富勒的文章中讨论的结果是应当判处死刑。这也是与我们虚构的场景类似的19世纪“海难食人案”（Mignonette Case）[1]的判决结果（本案最初判处死刑，后来得到减刑）。不过，公众对此类案件的持续关注证明了所涉及问题的难度。

1 此处指1884年发生的“木犀草号”海难事件，4名英国船员乘救生艇逃生，其中3人以少年理查德·帕克的血肉维生，最终获救。

罗伯斯山洞会发生什么事?

关于罗伯斯山洞营地今年会发生什么事，比尔·西尔弗曼的担忧是完全合理的。从某种意义上来说，这只不过是个常识问题。我们根据经验可知，社会群体之间的敌意与利益冲突密不可分。换句话说，群体之间之所以经常陷入冲突，是因为他们通过各种方式彼此竞争，这无可争议。社会心理学史上最著名的现场实验之一“罗伯斯山洞实验”就为这一主张提供了证据。

罗伯斯山洞实验

社会心理学家穆扎费尔·谢里夫（Muzafer Sherif）及其同事想查明群体之间的竞争是不是引起敌意的充分条件。

> 我们要检验的假设是，当两组人的目标相互冲突（也就是说，一组人为了达成目标只能牺牲另一组人）时，即使两个小组都由适应性良好的普通人组成，组内成员也会彼此敌视。

这个实验于1954年在俄克拉何马州的一个夏令营中进行，该营地靠近罗伯斯山洞国家公园。参加夏令营的22个男孩全都“身体健康，擅长交际，智力略高于平均水平，来自关系稳固的白人新教徒中产阶级家庭”。男孩们被刻意分成两组并隔开，以便形成独立的群体身份认同。为了促进这一过程，实验人员为每组人安排了若干团队活动，包括烹饪、有组织的游戏和搭帐篷等。两个小组的成员分别自称“响尾蛇”和“老鹰”，不久就形成了群体规范、等级制度和显著的团队精神。

大约一周后，实验人员介绍响尾蛇队和老鹰队认识，潜在的冲突根源也在此时进入了群体。就像我们描述的场景一样，实验人员宣布两组人将在一系列有组织的比赛中相互竞争，包括棒球、拔河、寻宝等，其中一组将成为优胜者。

尽管男孩们起初出于体育精神做了一些让步，但比赛很快就沦为《蝇王》的场景重现。响尾蛇队和老鹰队烧毁了对方的旗帜，开始打斗对骂，派出“突击队”偷袭对方营地，偷盗对方的东西，总是针锋相对。

结果

谢里夫和他的同事们是这样描述实验结果的：

> 由于实验形成的两个群体在相互竞争和挫折中反复互相作用，加上由此产生的群体间摩擦不断累积，每个内部群体成员都对外部群体持消极态度。这些对外部群体的消极态度表现为不善的刻板印象，体现在他们对外部群体的谩骂

和诋毁，以及对避免与外部群体建立联系的明确意愿……

因此，罗伯斯山洞实验证明了，社会群体之间的对抗和敌意与利益冲突息息相关。

不过,故事还没有讲完。你也许注意到了,在我们描述的场景中,如果男孩们早就相互认识，两组人之间的竞争就会平安无事地顺利进行。尽管这与谢里夫及其同事“群体之间的冲突是出现敌意的充分条件”的观点截然相反,但也有不少证据支持我们的观点。特别是,心理学家安德鲁·泰尔曼（Andrew Tyerman）和克里斯托弗·斯宾塞（Christopher Spencer）于1983年对英国童子军进行的一项研究发现，在预先存在友谊纽带的情况下，群体之间的竞争会友好地进行，不会以牺牲外部群体或发生群体间冲突为代价提升内部群体的团结度。

智人是高尚的野人吗？

对于亚历克斯·吉本的乌托邦梦想来说，不幸有证据表明，“我者”与“他者”之间的区别是塑造与构建人类经验的基础。几乎可以肯定，这意味着我们不得不习惯生活在人与人、群体与群体极端对立的世界上。

不妨看看心理学家亨利·泰弗尔（Henri Tajfel）及其同事在20世纪70年代做的研究。在实验中，他们请一个人完成一项琐碎的任务（例如猜测一大堆黑点有多少个），然后进入一个独立的小隔间。他被告知，需要把积分分配给另外两个人，在实验完成后，这些积分可以兑换成钱。实验人员还告诉他，根据他对黑点的数量的低估或高估，他被分配进了一个特殊的“小组”。此外，研究人员也把被分配积分（金钱）的两个人所属的小组告诉了他。

这个实验的目的是，确定这种最低限度的团体成员身份认同是否影响分配奖励的方式。换句话说，人们会偏袒自己所属群体的成员吗？

结果令人震惊——人们确实会偏袒与自己同一群体的人。即使可以选择，人们也会力求最大化内部群体成员与外部群体成员所得奖励之间的差异，哪怕这意味着内部群体成员获得的总收益小于通过其他分配方式获得的。换句话说，重点在于内部群体成员相对于外部群体成员的表现。

弄清到底发生了什么事十分重要。实验的相关人员（a）彼此不认识,（b）不曾有过互动,（c）没有被迫支持自己所属的群体,（d）不会因偏向自己所属的群体获得任何好处。尽管如此，人们还是会区别对待自己一无所知的人，只因为对方被分到了其他小组。

这表明，我们不可避免地会以“特定社会群体成员”的身份看待自己，并根据“内部群体”与“外部群体”的区别来理解世界。亨利·泰弗尔提出如下观点：

> 我们在评判他人、形成刻板印象、学习第二语言、处理工作关系时，不是作为孤立个体，而是作为从人类群体和所属社会类别中获得身份认同的“社会人”行事的。我们就是按照这种意识采取行动的。

只要上述情况不变，冲突与对立就极有可能继续存在，亚历克斯·吉本的乌托邦梦想就无法变成现实。

救援会到来吗?

金发姑娘隐约记得的事件是1964年发生的惨案。一位名叫基蒂·吉诺维斯的年轻女子在纽约市受害，现场目击者有38人，但在长达30分钟的案发过程中，没有一个人打电话报警。

旁观者效应

为什么旁观者往往避免卷入这种紧急情况?社会心理学家对其原因进行了广泛研究。当然，具体情况相当复杂，但学者们指出，其中存在“旁观者效应”。“旁观者效应”是指，目击事件的人越多，其中任何一个人参与其中的可能性就越小。

从某种程度上来说，这与“从众心理”有关系。人们会从其他目击者袖手旁观的做法中得到启发,认为如果眼下的情况确实需要采取行动，那么其他人肯定早就挺身而出了。这就是责任的稀释——你知道自己不是唯一目睹紧急情况的人，所以会告诉自己没有特定责任参与其中。因此，在基蒂·吉诺维斯一案中，每个目击者都以为其他人会报警。

以上观念共同造成了令人悲哀的结果——我们都在寻找避免帮助别人的借口。不过，对于金发姑娘面临的特殊情况，尚有一丝乐观的希望。

共生因素

社会心理学家埃利奥特·阿伦森讲过一个故事：有一次在约塞

米蒂国家公园露营时，他听见有人尖叫，忙从帐篷里爬出来，却看见了古怪的一幕。

整个露营区里，无数闪烁的光点汇聚到了一点。那些是数十名露营者携带的提灯和手电筒发出的光芒，他们都冲去援助那个尖叫的人。结果，那个人只是被煤油炉突然蹿起的火焰吓了一跳。发现那个人并不需要援助时，其他露营者似乎有些失望。

阿伦森提出，人们在这种情况下之所以愿意参与，是因为他们共处的环境引发了“共生”的感觉。换句话说，即使露营者彼此并不认识，他们也会感觉有一条共同的纽带。这意味着，遇到麻烦的时候，他们更愿意互相帮助。

心理学家欧文·皮里亚温（Irving Piliavin）及其同事通过后续实验证明了这一假设。他们发现，如果一个人在纽约地铁上“突然倒下”，几乎总会有人赶来帮忙。看来，仅仅是同坐一节车厢就足以说服乘客，他们在某种意义上命运与共。这使得他们更愿意施以援手。

因此，如果金发姑娘高声呼救，其他露营者很可能会伸出援手。这不是因为人类特别愿意互相帮助（事实并非如此），而是因为在这种特殊情况下，其他露营者可能会觉得与她有共同的纽带，因为大家处于相似的环境之中。

你更喜欢谁？

彼得·坎贝尔预测A组对扎克·科因的评价会高于B组，这个预测是正确的。鉴于给两组人的形容词都是“聪明、勤奋、冲动、挑剔、固执、嫉妒”，这个结论似乎有点令人惊讶。你可能注意到了，唯一的区别是形容词的排列顺序。对于A组，首先呈现的是正面特质；对于B组，首先呈现的是负面特质。有趣的是，正是这种对词语排列顺序的改变影响了我们对被描述人的看法。

我们之所以知道这一点，是因为社会心理学家所罗门·阿希在1946年进行了一项开创性的研究，这项研究正是彼得·坎贝尔需要观察的实验。阿希发现，A组对被描述人的看法大体上是积极正面的：他有优点也有缺点，但缺点并没有掩盖他的良好品质。相比之下，B组则认为被描述人“有问题”：他的缺点极大地削弱了他的优点。此外，A组视为积极正面的某些品质（例如“冲动”）则被B组视为消极负面的品质。

首因效应

这一结果表明，首先了解到的东西对我们的感知影响更大。这被称为“首因效应”，与“近因效应”相对。“近因效应”描述的是，后来了解到的东西对我们的感知影响更大。对于“首因效应”存在的原因，人们提出了许多不同的解释。例如，我们可能会假定首先了解到的是“真理”，对于后来了解到的东西，我们的信任度则会打折扣；或者，我们只是更关注自己先了解到的东西；又或者，我们会将首先了解到的东西当作“滤网”，用来解释后来了解到的一切（例如，如果我们很早就认定某人聪明，就会根据最初的评估解读他的其他品质，哪怕是可以被视为消极负面的品质）。

“首因效应”（以及与它相反的“近因效应”）带来了许多令人不安的隐含意义。最显著的一点可能是，它表明我们形成判断的能力受到一种“系统偏差”的影响：信息呈现的顺序会影响我们做判断，而这些判断并不是根据信息本身做出的。

例如，请考虑以下情形：你在面试两名求职者，两人需要回答数量相同的问题。求职者A前几题答得比较好，求职者B后几题答得比较好。在这种情况下，你可能会认为求职者A能力更强，尽管这一判断并不是根据两人的整体表现做出的。构成“首因效应”的认知偏差可能会影响你的判断力，导致你无法做出准确的评估。

跟我约会吧？

杰里·乔认为外表的吸引力是种优势，这个想法无疑是正确的。下面可以看看心理学家凯伦·迪翁（Karen Dion）及其同事的研究。他们向大学生们展示三张照片，照片上的人外表吸引力有高下之分——一个人美貌夺目，一个人相貌平平，一个人丑陋不堪。然后，研究人员请学生们根据一系列人格特质为三个人划分等级，并预测他们未来的幸福程度。大多数人认为，外貌出众的人拥有的品质最积极正面，也最有可能在未来获得幸福。鉴于这一结果，克里斯·唐斯（Chris Downs）和菲利普·里昂斯（Philip Lyons）的研究结论也就不足为奇了。他们在研究中发现，法官判处犯轻罪的丑人的罚金数额往往高于同等罪行的好看的人。

肤浅

尽管许多研究都显示存在这种现象，但还是很难想象外表的吸引力在浪漫关系中如此重要。尤其值得一提的是，我们总是自认成熟老练，不会只根据外表评判别人，毕竟外表是个人无法控制的。不幸的是，我们的“成熟”水平与美貌一样肤浅。因为有证据表明，外表吸引力是“喜欢”和“爱”的重要决定因素。

在明尼苏达大学于1966年进行的一项经典研究中，心理学家伊莱恩·沃尔斯特（Elaine Walster）及其同事对参加舞会的一年级新生随机匹配。在此之前，这些学生都完成了一组测试题，提供了关于个性、智力、社交技能等方面的信息。此外，研究人员还对他们的外表吸引力进行了排序。实验想考察的问题是：决定约会双方是否喜欢彼此的最重要因素是哪些。如果你浏览过报纸上的“寂寞之心”专栏，你可能会觉得是里面经常提到的智慧或幽默感，但并非如此。事实上，约会双方想不想再见面，外表吸引力是唯一的重要决定因素。如果两个外貌出众的人被配成了一对，那么他们最有可能会安排第二次约会。

杰里母亲拥护的观点“不要以貌取人”目前相当流行。例如，如果你问人们想要什么样的伴侣，外表吸引力往往排在最后。但有证据表明，外表吸引力恰恰是“喜欢”和“爱”的故事核心。

我们有多听话？

大卫·杰瑞德认为，在他描述的情况下（尽管包括“大脑移植”这一点），大多数人都会愿意用酷刑折磨另一个人。他的想法是正确的。心理学家斯坦利·米尔格拉姆在20世纪60年代初进行了一系列经典实验，这些实验首次证明了上述令人震惊的事实。

米尔格拉姆实验

米尔格拉姆进行的第一个实验（如今称为“服从权威实验”）共有40名男性参加。他们都看到了报纸上的一则广告，来参加一项看似研究“惩罚对学习的影响”的实验。他们被分配扮演“老师”，与扮演“学生”的人配对，但他们不知道那些“学生”都是实验人员。随后发生的一切都按计划进行，当然，每个参与者的做法和反应除外。

“学生”被绑在椅子上，身上连接了电极。然后，实验人员和“老师”转移到隔壁房间，房间里设有电击发生装置。每次“学生”犯了错，就会被施以电击。实验人员对“老师”进行了轻微电击，让他们确信装置是有用的（但其实不是）。

随后，“老师”会给“学生”做记忆测试。每当“学生”犯错，“老师”就施以电击。每犯一次错，电击强度会增加15伏。

实验的结果令人震惊，每个“老

师”都愿意施以高达300伏的电击。这一等级在机器上被标为“强烈电击”，会导致“学生”痛苦到撞墙。而且，近2/3的参与者愿意施以最高等级的450伏电击，尽管“学生”此时似乎已经人事不省了。机器上对这个电击等级的标示是“致命”，比“危险：极强电击”还要高出一档。

上述结果并不局限于这一次实验。米尔格拉姆进行了18次不同的实验，涉及646名参与者（其中包括40名女性，她们的服从率也达到了65%），都从中发现了类似的反应模式。这使米尔格拉姆得出了结论：“不存在任何敌意、纯粹做本职工作的普通人，也可能在极具破坏性的事件中成为推手。”

尽管米尔格拉姆实验的结果目前已是众所周知，但大多数人仍然辩称，自己在类似的情况下不会服从命令。社会心理学家埃利奥特·阿伦森每年都会问自己新收的学生，在类似情况下是否愿意给另一个人造成剧烈痛苦，每次都有99%的人给出否定的答复。但正如我们看到的，事实表明并非如此。

尽管上述结论并不能让大卫·杰瑞德摆脱刑罚，但确实表明他的做法并没有什么特别。我们往往认为自己不会受形势压力的影响，但事实上，在特定情况下，大多数人都可能被诱导而做出可怕的事情。

莉兹应该选择谁?

你可能会认为,“亲密关系可以简单量化为相对回报(例如魅力和智力)”非常荒谬。但是,从回报和成本的市场交易角度分析“喜欢”和“爱”的策略,通常都效果显著。关键在于,我们喜欢那些能以成本最少的行为带来最大回报的人。这恰恰解释了为什么我们更喜欢彬彬有礼的人,而不喜欢举止粗鲁的人;更喜欢与自己观点一致的人,而不喜欢与自己看法迥异的人。

相配假说

这一理论使研究人员提出了一个假设:魅力水平相近是决定一段恋情持久的关键因素。具体来说,我们期望自己的恋情在成本和回报层面上大致平衡,而魅力则被视为一种回报。因此,我们会寻找给予彼此的回报大致相等的人。

支持这种“相配假说”的证据极具说服力。研究表明,处于稳定恋爱关系中的两个人,魅力水平往往比期望偶遇的两个人更近似。例如,在一项针对99对关系稳定伴侣的研究中,心理学家伯纳德·默斯坦(Bernard Murstein)发现,双方魅力水平的差异远远小于相亲结识的夫妇。

但是请注意,不要过分简化关于“喜欢”与“爱”的市场交易。的确,我们更容易喜欢只需付出很少代价就能得到回报的人。但正如埃利奥特·阿伦森在其经典著作《社会性动物》中指出的,在特定情况下很难判断哪些东西可以视为回报。因此，阿伦森指出，虽然我们喜欢受到称赞，也容易喜欢称赞我们的人，但如果称赞过于谄媚、毫无根据或者看似为了一己之利，我们就不会那么喜欢。

不过，从心理学角度来看，“喜欢”和“爱”并没有什么难以理解的神秘之处。我们之所以与别人建立亲密关系，是因为发现这样能获得回报。虽然其中细节很复杂，但基本原理很简单。

上述说法并不意味着莉兹·班纳特为了度过浪漫假期，必定选择威廉作为伴侣。不过，她直觉上认为“亲密关系中存在交易”是完全正确的。如果她选择了查理，并最终发现他的魅力比自己大，那么就有证据表明，这段恋情修成正果的可能性比双方魅力水平相近时更低。

应当相信床底有怪物吗?

这里我们要探讨的是以下做法是否合理：仅仅因为存在能印证某种信念的体验就断定这种信念是真实可信的。可能有人会认为这么做不合理。我们都知道，人可能被自己的体验愚弄。例如，我们知道人会产生幻觉，而且通常无法分辨是幻觉还是现实。

眼见为实

这个思维实验的挑战在于，它要求我们想象一种情况，在这种情况下，即使我们意识到某种体验可能有误导性，也会相信某些东西是真实的。例如，假如你处于鲍里斯的境况，有人告诉你，逃离怪物是不合理的，你会有什么反应？也许你会不为所动。有关怪物的体验如此真实，怪物就在你的面前，即将对你发起攻击，而且从逻辑上也不能排除怪物存在的可能性——风险高得令人难以置信。因此，即使你意识到自己可能产生了幻觉，仍然会觉得“相信自己没产生幻觉”是合理的。此外，事后冷静思考时，你也不会认为这种想法变得不合理。

也就是说，如果不能从逻辑上排除某种信念的可能性，而且这种信念对个人来说极为直接和重要，那么下列做法就是合理的：纯粹基于你认为真实可信（看似确凿无疑）的体验，就断言或接受这种信念是真实可信的。

事关信仰

如果这个说法是正确的，有趣的问题就来了：它可能证明了某些宗教信仰是有道理的。例如，许多宗教信徒声称自己体验到的神迹是真实的，而且“相信这些体验是真实的”是生死攸关的要务。

这一点很容易理解。例如，请想象一位失去孩子的母亲，渴望来世与孩子团聚；或是第一次世界大战中的士兵，在得知自己明早必须越过战壕后，奋力抵抗当逃兵的诱惑；或是怀疑论者在经历了类似神迹的体验后，对以下念头深感不安：如果神迹体验是真实的，要是自己不接受神的存在，就有可能会失去一切。

当然，还有一些复杂的问题。尤为重要的是，在这种情况下，人们可能会无休止地争论“合理”到底是什么意思。但是，即使人们不接受“鲍里斯相信怪物存在”是合理的，鲍里斯相信怪物存在也是可以理解的。这甚至也可以用来证明宗教信仰的合理性。

何时信念不再是信念?

首先要强调的一点是，这两个问题不一定有正确答案。部分原因在于，我们尚不清楚，从心理学层面来看，人类能否永远幸福快乐。确实，人们普遍认为，永生将变成一场噩梦。对于这个问题，你可以回答说，永生是一种令人脱胎换骨的体验，因此认为两人能幸福共度余生是说得通的。但这个回答又引发了另外一系列问题，那些问题涉及人格同一性的本质。尤其是，我们不清楚发生如此巨大转变、能够忍受永生而不是陷入疯狂的人，还是不是原来那个终有一死的凡人。

永生

尽管如此，大卫和尼古拉的故事，以及他们能否永远相爱，仍然是个有趣的问题。因为，人们肯定声称相信永生，相信能与亲人永远幸福地生活在一起。但是，“声称相信”与“真的相信”是截然不同的两件事。这就引出了一个相关的问题：我们是否该从字面意义上接受这种信念。换句话说，当别人说相信永生时，我们该不该相信他？这正是大卫和尼古拉的故事要揭示的问题。

在这一点上，我们需要考虑很多方面。首先，如果大卫和尼古拉真的相信他们能选择永远幸福地生活在一起，而这也正是他们想要的东西，那么他们就很可能做出这个选择，即使这意味着接下来两人必须分开20年。毕竟，比起永远幸福地生活在一起，分开20

年只是个微不足道的代价，只是两人关系中可以忽略不计的小插曲。

但更重要的是，人们会认为，由于他们将来还会再见面，到时候一切都会无比美好，这会大大减轻两人分开期间的痛苦。但两人一定会经历这漫长的20年，这一点是确凿无疑的。因此，从这个意义上来说，他们会因为思念对方而感到悲伤。但即便如此，我们讨论的并不是两人自此不会再见面的情况，也不是两人团聚后却要经历日常生活的变迁，而是团聚后永恒的幸福——他们所希望的就是这种生活。因此，不管怎么说，我们会预料他们将感到悲伤，但不会陷入绝望。

来世

最后要说的一点是，对于任何相信死后存在来世而且将与亲人永远幸福地生活在来世的人来说，在对待自己或所爱之人必死命运的态度上，面临的情况都与大卫和尼古拉极为相似。不过，当丈夫、妻子或孩子离世时，这类人中有很多都陷入了绝望；他们拼命抓住今生，好像这一世就是仅有的一世一般；尽管他们声称相信死亡是通往更美好未来的大门，但他们并不希望离开人世。

常见的说法是“散兵坑里没有无神论者”：在面对极端危险的情况时，即便不是信徒也会向某些神灵祈祷。不过，

正如哲学家朱利安·巴吉尼指出的，葬礼上似乎也没有有神论者。当然，绝大多数人对亲人去世的反应并不符合下列观点：在一段实际上会持续到永远的亲密关系中，无论发生什么事都只是暂时的间断。

我们是“缸中之脑”吗？

电影《黑客帝国》向大众普及了“缸中之脑”这个思维实验，该实验旨在向“我们能够对世界有一定的了解”这个命题发起挑战。如果我们无法分辨真实世界和虚拟现实中的体验，那我们就有可能生活在虚拟现实中，却对此一无所知。

《第一哲学沉思集》

勒内·笛卡儿在著作《第一哲学沉思集》中请读者想象一个恶魔：

> ……它倾尽全力欺骗我；我会认为天空、大地、颜色、形状、声音和一切外物都不存在，不过是这个天才创造的幻象和梦境，是为了让我相信而埋下的陷阱；我会认为自己没有双手，没有眼睛，没有血肉，也没有任何感官，只是误认为自己拥有这些东西。

这种怀疑论的说法很难摆脱，直至今日都困扰着试图打下坚实知识基础的人。笛卡儿自己提出的解决方法是，指出存在一个仁慈的上帝，确保我们不受恶魔一步一步的欺骗。不过，这并不令人信服。

其实，你可以这么想：尽管我们无法排除自己是“缸中之脑”的可能性，但也没有证据支持这个观点。通常来说，我们不会仅仅因为某个说法在逻辑上存在可能性，就认为有充分理由支持这一说法。例如，没有多少人真会相信“亚马逊丛林里的某个偏远地区生活着一群快乐的、有意识的花园小矮人”，只因为这个说法在逻辑上存在一定的可能性。

但上述回答也存在问题。我们知道，如果自己生活在虚拟现实中，就无法找到证据证明这一点。在这种情况下，缺乏证据对我们了解自己的处境毫无帮助；换句话说，由于没有证据表明我们生活在虚拟现实中，所以我们对自己的处境一无所知。

世界中的世界？

也许解决这一难题的最佳方法是驳斥以下观点：如果我们在虚拟现实中的信念与外部世界不符，那么这些信念必定是虚假的。例如，哲学家希拉里·普特南就指出，粗略地说，人们在虚拟世界中使用的词语仅指向那个世界中的事物，而不是虚拟世界之外可能存在的事物。因此，我现在是否在文字处理器上敲出这段文字，取决于我所栖居的世界存在的状态，无论它是虚拟世界，还是由“真实”物体构成的具象化世界。

这种推论方式表明，雨果不用太担心奥菲斯说的是不是实话。现实世界就是他所栖居的世界。当然，如果有人碰巧关掉了正在为他模拟种种体验的超级电脑，他可能就需要重新评估对现实世界的认识了。

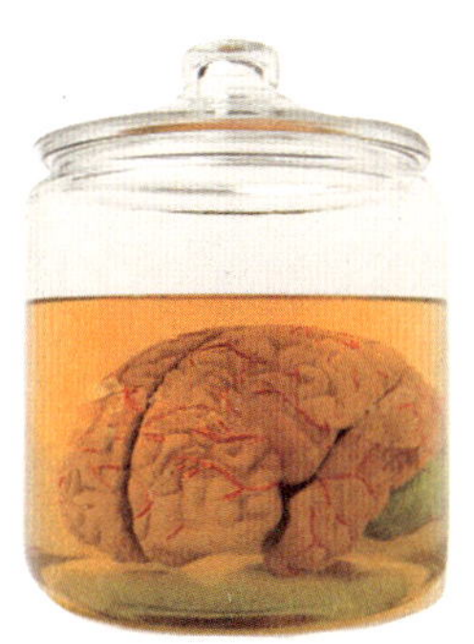

我们的进化是为了了解世界吗？

长期以来，一直存在以下观点：人类大脑的自然起源论与“相信人类的认知能力可以生成可靠的知识”之间存在矛盾。例如，有时候人们会提出以下观点，达尔文也对此存在质疑：

……对我来说，有一件事总会带来令人恐惧的疑虑：从低等动物进化而来的人类，他们心智中的信念是否有价值，或者说是否值得信赖？如果猴子有心智，会有人信任这种心智中产生的信念吗？

同样，英国文学家C. S. 刘易斯（C. S. Lewis）也说过：“……人类思维的全过程，也就是我们称为理性的东西，如果是非理性的东西生成的，那么……就毫无价值。”

对此，也许首先要强调的一点是，有大量证据表明，有时大脑构建经验的方式确实会使我们产生虚假的信念。心理学家发现的大量“视错觉”就是很好的例子。不过，正如美国生物哲学家迈克尔·鲁斯（Michael Ruse）指出的，我们（通常）能识别自己何时受到了大脑的欺骗，而且能从进化的角度解释这种欺骗，这一事实就表明，我们的大脑通常运作良好。

识别欺骗

不幸的是，上述回答并不能完全消除怀疑论者的质疑。问题在于，为了讨论“识别”欺骗并提供“从进化论角度做出解释”的能力，就恰好要以受到驳斥的观点为前提——大脑能够生成关于世界的准确知识。

如果有人倾向于相信通过自然选择进化的有机体不太可能生成关于世界的知识，以及那些我们深信不疑的东西实际上只是一些帮助我们生存下去的实用虚构（但前提是它们看起来是有必要的），那么你无论怎么拿那些假定“大脑是认识世界的可靠生理机制”的理论和证据来说服他们，他们也不会认为自己是错的。

以实玛利效应[1]

尽管上述说法很难摆脱质疑，但其中存在引人思考之处。具体来说，它与澳大利亚哲学家大卫·斯托夫（David Stove）所说的“以实玛利效应”相关，也就是一种将自身视为例外情况的哲学推论。从这个角度来看，值得注意的是三只熊的说法基于某些根据经验得来的主张（关于进化、基因、自然选择等），这些主张的前提就是存在一种区分真假信念的方式。因此，哲学家西蒙·布莱克本（Simon Blackburn）提出“相对主义或怀疑主义存在自毁倾向的说法很难消除”，这个说法还是有一定道理的。

1　此处的“以实玛利”指美国作家赫尔曼·麦尔维尔的小说《白鲸》中全船唯一幸存的水手。

脑筋急转弯答案

第1章

1. 他应该选择第三个房间，因为三年没吃东西的狮子早就饿死了。
2. 她们是三个人：外祖母、母亲、女儿。
3. 这三天是昨天、今天、明天。
4. 应选C。如果你将字母打乱顺序后重新排列，就会发现HEAD（头）对应HAT（帽子），那么HAND（手）就该对应……GLOVE（手套）。"VOLGE"是将"GLOVE"这个单词中的字母重新排列的结果。

第2章

5. 爱丽丝是盲人，她读的是盲文书。
6. 你的新工资是每周268英镑。250英镑的4%是10英镑。你在加薪4%的基础上还会多得8英镑，所以总共增加了18英镑。因此，你的新工资是250英镑+18英镑=268英镑。

第3章

7. 杰克是金鱼，吉尔是家猫。
8. 平均时速是48英里。你可以这么计算：从下午6:20到晚上

10:05共有225分钟。用180英里除以225分钟，就能得出汽车每分钟的平均速度（0.8英里/分）。将这个数字乘以60，就能算出平均时速是0.8 × 60 = 48英里。

第4章

9. 这个论证无效。它等同于以下推论：所有昆虫都会死。女人会死。因此，女人是昆虫。显然，这根本说不通。因为，会死的东西有很多，并不是只有昆虫。
10. 虽然图中的第二条线看起来更长，但两条线其实是一样长的。
11. 你选出的人都没有未列入电话簿的号码。毕竟，你是从电话簿里选出这些人的。
12. 玛丽48岁的时候。她弟弟今年8岁（因为4 × 8 = 32）。16年后，玛丽48岁，她弟弟24岁。

第5章

13. 一次带两个朋友去看戏更便宜，因为你只需要给自己买一张票。
14. 两位老人在河的两边，所以能分别坐船过河。

图片来源

感谢以下机构对本书图片使用的慨允：

Alamy: p. 6, 36, 46, 62; Corbis: p. 24; Dreamstime: pp. 8, 19, 26, 30, 35, 40, 74, 80, 86, 87; Getty Images: p. 16; iStockphoto: 目录页, pp. 13, 15, 16, 21, 22, 28, 31, 33, 35, 39, 43, 44, 45, 49, 51, 52, 56, 59, 60, 65, 66, 69, 70, 71, 72, 74, 81, 83, 90, 92, 93, 96, 98, 99, 101, 103, 106, 110, 113, 115, 118, 120, 122, 124, 128, 130, 132, 135.

图书在版编目（CIP）数据

如何证明你不是僵尸：拓宽思维的 28 个哲学难题 /（英）杰里米・斯特朗姆著；王岑卉译. -- 武汉：长江文艺出版社，2021.9（2022.9 重印）

ISBN 978-7-5702-2221-6

Ⅰ.①如… Ⅱ.①杰… ②王… Ⅲ.①思维训练 Ⅳ.① B80

中国版本图书馆 CIP 数据核字 (2021) 第 105553 号

著作权合同登记号：图字 17-2021-167

Is Your Neighbour A Zombie? by Jeremy Stangroom

Conceived and produced by Elwin Street Productions
10 Elwin Street
London, E2 7BU
UK
www.modern-books.com

如何证明你不是僵尸：拓宽思维的 28 个哲学难题
RUHE ZHENGMING NI BUSHI JIANGSHI : TUOKUAN SIWEI DE 28 GE ZHEXUE NANTI

选题策划：联合天际・边建强　　特约编辑：李明佳　王羽翯
责任编辑：黄　刚　　责任校对：毛　娟
美术编辑：程　阁　　责任印制：邱　莉　王光兴
封面设计：左左工作室

出版：长江出版传媒 | 长江文艺出版社
地址：武汉市雄楚大街 268 号　　邮编：430070
发行：长江文艺出版社
未读（天津）文化传媒有限公司　（010）52435752
http://www.cjlap.com
印刷：北京雅图新世纪印刷科技有限公司

关注未读好书

开本：880 毫米 ×1230 毫米　1/32　印张：4.5
版次：2021 年 9 月第 1 版　2022 年 9 月第 3 次印刷
字数：88 千字

未读 CLUB
会员服务平台

定价：42.00 元